Gisbert Niederführ: Mohamed Khalifa –
Heilen nur mit den Händen

Gisbert Niederführ

Mohamed Khalifa – Heilen nur mit den Händen

Die neue Sicht der vollständigen Heilung

Gisbert Niederführ
Mohamed Khalifa –
Heilen nur mit den Händen
September 2001

Umschlaggestaltung:
Ute Türk-Niederführ

Herstellung:
Books on Demand GmbH, Norderstedt

ISBN 3-8311-2076-5

Inhaltsverzeichnis

Einleitung

Teil I

Von Galileo bis an den Rand des Universums

Von Hallein bis ins Neandertal

Teil II

Ins Weltall und in unser Innerstes

Schlusswort

Einleitung

Ein Sturz, ein Schlag – das Abenteuer beginnt

Es geschieht im Bruchteil einer Sekunde. Eben noch schien der Ball leicht erreichbar zu sein, eben noch glitt der Ski sicher über den Schnee, eben noch rollte das Rad wie auf Schienen über den Asphalt. Im nächsten Moment ist alles anders. Überraschung. Schrecken. Angst. Schmerz. Ungewissheit.

Der Gegner wollte den Ball auch noch erreichen, der Zusammenprall war unvermeidbar.

Die Eisplatte ließ den Ski für einen Wimpernschlag die Ideallinie verlassen.

Das Schlagloch bremste die Fahrt in einem Atemzug von 40 Stundenkilometern auf Null.

Sie sind überrascht. Darauf war der Körper nicht vorbereitet. Adrenalin schießt ins Blut. Das Geschehen gerät außer Kontrolle. Sie fühlen die Angst. Sie haben den Schmerz gespürt. Etwas in Ihrem Körper ist gezerrt, gerissen, gebrochen. Die Frage bedrängt Sie: Was geschieht mit mir?

Ein Unfall mit Verletzung - ob im Haushalt, Verkehr oder Sport - ist immer ein Schock. Was kommt auf mich zu? Was diagnostiziert der Arzt? Was entscheidet er? Entscheidet er richtig? Vertraue ich ihm? Der Meniskus gequetscht? Das Kreuzband gerissen? Die Schulter gebrochen? Ist die Operation unvermeidlich? In wessen Hände begebe ich mich? Wie lange kann ich nicht arbeiten? Was sagt mein Arbeitgeber? Kann ich meinen Sport weiter ausüben wie bisher? Bleiben Schäden zurück?

Was in Sekundenbruchteilen passiert, zieht weitreichende - oft auch zeitraubende - Folgen nach sich. Die medizinische Versorgung aber ist umfassend: Orthopäden, Internisten, Chirurgen, Physiotherapeuten, Krankengymnasten. Auf dem neuesten Stand der Technik, auf dem neuesten Wissensstand.

Wirklich?

Liest man nicht immer wieder von Fehldiagnosen? Von Kunstfehlern? Von verpfuschten Leben nach Routineeingriffen?

Mit einer Verletzung beginnt oft auch ein Abenteuer. Ein Abenteuer mit meist gutem Ausgang; zumindest vermeintlich gutem. Denn: Ist die verletzte Stelle, der Körper in seinem komplexen Zusammenspiel, wirklich geheilt, wenn nach der ärztlichen Behandlung alles wieder - einigermaßen - funktioniert?

Auch auf Sie wartet ein Abenteuer. Sie können ihm in diesem Buch folgen. Sie werden auf Wege geführt, die Sie verwundern werden. Auf Wege, die Sie verunsichern werden. Auf Wege, die Sie herausfordern werden. Folgen Sie ihnen und Sie werden die Medizin mit anderen Augen sehen.

Teil eins beschäftigt sich mit der modernen Medizin, ihrer phänomenalen Entwicklung im zurückliegenden Jahrhundert, aber auch mit der Skepsis, die ihr dennoch entgegenschlägt. Und wir lernen Mohamed Khalifa kennen. Der zweite Teil führt uns auf eine futuristische Bühne und damit mitten hinein in die Arbeit von Mohamed Khalifa und deren Grundlagen.

Die den Kapiteln vorangestellten Zitate stammen - falls nicht anders vermerkt - von Mohamed Khalifa.

Teil I:

Von Galileo bis an den Rand des Universums

Im Sommer 1999 betritt ein junger Mann das Institut für manuelle Methodik von Mohamed Khalifa im österreichischen Hallein. Er hat sich ein Kreuzband gerissen.

Der junge Mann studiert Medizin. Nach der Behandlung fragt Mohamed Khalifa seinen Patienten, in welche Richtung der Medizin er sich spezialisieren wolle.

„Ich werde Bauer", antwortet der Mann.

„Bauer? Warum denn das?"

„Ich war mit meiner Verletzung bei vielen Ärzten. Wenn jeder gesagt hätte, operieren, hätte ich mich operieren lassen. Aber jeder hat etwas anderes gesagt. Ich will so nicht werden."

Ist das unsere Medizin zu Beginn des 3. Jahrtausends?

1. Triumphe der Heilkunst

*Die Wissenschaft ist
die Grundlage jeder
seriösen Arbeit.*

„Die Medizin hat in den vergangenen 100 Jahren das menschliche Leben mehr beeinflusst als alle Politik und Kriege zusammen." Zu diesem Ergebnis kam der Spiegel in einem Rückblick auf die „Triumphe der Heilkunst" (Nr. 14 vom 5.4.99) und untermauerte die These durch eindrucksvolle Fakten

✏ Von 100000 Neugeborenen starben 1901 im ersten Lebensjahr 20234, 1999 waren es nur noch 400.

✏ Geburtshilfe und Neugeborenenmedizin haben die Müttersterblichkeit nahezu auf null, die Säuglingssterblichkeit auf Werte im Promillebereich gedrückt.

✏ Die durchschnittliche Lebenserwartung einer Frau betrug 1901 nur 42 Jahre, die eines Mannes nur 37 Jahre; jetzt haben 30jährige Frauen noch 51 weitere Lebensjahre zu erwarten, 30jährige Männer 45.

✏ 1928 begann die Entwicklung des Penicillins, des wirksamsten Antibiotikums unserer Tage (beispielsweise gegen Blutvergiftung oder auch Meningitis).

✏ 1967 verpflanzte Christiaan Barnard erstmals erfolgreich ein menschliches Herz, mittlerweile operieren bereits Roboter. Lediglich exotische Virenerkrankungen scheinen unser Leben noch zu bedrohen. Selbst Krebs hat einen Teil seines Schreckens verloren. Die medizinische Forschung ist so erfolgreich, dass uns ernsthafte Gefahr scheinbar nur noch in Ausnahmefällen droht. Die Ärzte, Götter in Weiß, haben unsere Gesundheit im Griff.

Auch Steffen Alt aus Unterkochen hat am 17. April 1997 keinerlei Zweifel, dass der kleine Betriebsunfall beim Fußballspiel leicht behoben werden wird. Zwar ist ein Kreuzbandriss keine Bagatellverletzung, doch sind solche Operationen für die Ärzte mittlerweile Routinegeschäft. Und doch rettet ihm wahrscheinlich nur die Beharrlichkeit seiner Mutter das Leben.

2. Ein Foul – und plötzlich besteht Lebensgefahr

Die Medizin hat von uns allen die Verantwortung genommen: Kommt nur zu uns, wir machen das schon.

Steffen Alt war immer sportlich aktiv. Fußball spielen hat er eigentlich schon aufgegeben und sich Marathon laufen und Triathlon zugewandt. Weil sein Heimatverein aber personelle Probleme hat, springt er noch einmal ein.

Am 6. April 1997 spielt der FV Unterkochen gegen den TSV Westhausen. Alt sitzt auf der Ersatzbank, denkt schon an den kommenden Tag, an dem er 28 Jahre alt wird. In der 65. Minute wird er eingewechselt. Zehn Minuten später spürt er nach einem langen Ausfallschritt einen „ganz ungewöhnlichen Schmerz“ im rechten Knie. Mit etwas Eis aber vergeht der Schmerz schnell.

Kurz darauf dreht er sich bei einer Abwehraktion. Jetzt ist der Schmerz nicht mehr nur ungewöhnlich. „Ich hab' geschrien wie ein Hund,“ sagt er.

Das vordere Kreuzband ist gerissen. Alt sucht in den Tagen danach eine Klinik zur Operation. Er erkundigt sich bei Freunden und Bekannten und denkt schließlich, das Beste gefunden zu haben. Eine Klinik und einen Chefarzt mit optimalem Ruf. Für den ist selbst eine Kreuzband-OP nichts Besonderes, sondern lediglich Alltag.

Am 17. April wird Alt operiert, zehn Tage später entlassen. In der Rehaklinik aber erkennt der Physiotherapeut: „Du Steffen, da stimmt was nicht.“

Alt muss sofort wieder in die Klinik und wird dort auch gleich stationär aufgenommen. Die Wunde eitert.

Neun Wochen später ist das Knie immer noch entzündet. Am 11. Juni wird Alt zum zweiten Mal operiert, am 20. Juni zum dritten Mal. Er nimmt von 79 auf 70 Kilogramm ab, verliert jede Antriebskraft. „Ich hätte auch die nächste Operation mitgemacht.“

Dazu kommt es fast nicht mehr. Alt erleidet einen septischen Schock.

Für Alts Mutter ist nun die Grenze erreicht. Sie organisiert am 25. Juni die Verlegung in eine andere Klinik. Ihr Sohn geht davon aus, dass ihm nun endlich geholfen werden kann, mit Medikamenten. Es kommt anders.

„Der Arzt hat erst gar nichts gesagt und dann: ‚Die einzige Möglichkeit, die ich sehe, ist eine Notoperation. Es besteht Lebensgefahr.'"

Alt bleibt keine andere Möglichkeit, als der „halben Notschlachtung" zuzustimmen. „Es ging nicht mehr um mein Knie, es ging um mich."

Der Arzt rettet ihm vermutlich das Leben. Allerdings entfernt er aus dem Knie auch alles, was nicht fest zum Knochen gehört. Vom Kreuzbandimplantat ist ohnehin nichts mehr vorhanden. Die Infektion hat es aufgefressen.

Durch die Entfernung der gesamten Gelenksschleimhaut ist das Knie allerdings nun kaum noch zu gebrauchen. Der zuvor so sportliche Steffen Alt ist froh, dass er an seinem 29. Geburtstag mit dem Bein wenigstens noch humpeln kann.

3. Sprachloses Leid – Gnadenlose Medizin

Die Operation hat viel erreicht, aber sie ist stehen geblieben. Man muss den Körper respektieren.

Steffen Alt ist sicher ein besonders drastisches Beispiel, aber beileibe kein Einzelfall. Prominentester Fall eines durch eine Infektion nach einer Operation ruinierten Knies ist Matthias Sammer.

Europas Fußballer des Jahres 1996 hat schon viele Verletzungen hinter sich, als ihn am 4. Oktober 1997 bei der 1:3-Niederlage der Dortmunder in Bielefeld Stefan Kuntz am linken Knie trifft. Anfangs erscheint die Blessur nicht dramatisch, neun Tage später aber muss Sammer dennoch unters Messer. Ihm wird eine Schleimhautfalte im linken Knie entfernt. Ein Routineeingriff, doch er bedeutet das Ende von Sammers Fußballerkarriere.

In der frischen Wunde nisten sich Bakterien ein, fressen sich wie ätzende Flüssigkeit durchs Gelenk und lassen das Knie wie einen Ballon anschwellen. Der Knorpel wird massiv geschädigt, an sportliche Belastung ist nicht zu denken.

Sammer hält sich danach in Rehazentren, Arztpraxen und ab und zu auch auf dem Dortmunder Sportgelände auf; allerdings nicht zum Fußball spielen.

Die Medikamente, die er gegen die Infektion nehmen muss, bringen zusätzliche Schilddrüsen- und Nierenprobleme. Und das alles nach einem operativen Eingriff, der für den Arzt so normal gewesen ist wie das tägliche Zähneputzen.

Sind Operationen also gar gefährlich? Richten sie mehr Schaden an als sie nützen?

3,5 bis 15 (!) Prozent der Krankenhauspatienten in Europa, so meldete 1999 die Deutsche Presseagentur, stecken sich in der Klinik mit einer zusätzlichen Krankheit an.

Der Spiegel hält in seinem Beitrag über das Jahrhundert der Medizin dagegen: „Den messbar größten Beitrag zum Fortschritt der Medizin leistet die Chirurgie. Vergleichbar harmlose Krankheiten wie Knochenbrüche werden ebenso erfolgreich behandelt wie bösartige Tumoren oder lebensgefährliche Gefäßverschlüsse des Herzen."

Ohne Operationen wäre eine Lebenserwartung über 70 Jahre nicht möglich. Operationen retten Leben. Unzählige Verkehrsopfer wären ohne die Chirurgie an ihren inneren Verletzungen gestorben. Unzählige Menschen wären blind, hätte ihnen nicht ein Chirurg zu einer neuen Netzhaut verholfen. Unzählige Kinder wären nie geboren worden, hätte nicht ein Kaiserschnitt sie ans Licht der Welt befördert.

Unzählige Ärzte müssten aber auch ihren Wohlstand - oder auch nur ihre wirtschaftliche Sicherheit - aufgeben, wären Operationen nicht ebenso ein gutes Geschäft; vor allem dort, wo es nicht um ein Menschenleben geht.

Die Medizin ist erfolgreich und sie ist teuer. 500 Milliarden Mark werden alleine in Deutschland zur Gesunderhaltung aufgewendet (Stand 1999), etwa 10 Prozent des Bruttosozialprodukts. 1876 arbeiteten 334 Mediziner in Krankenhäusern, 123 Jahre später sind es über 130000.

Zu viele, die Gesundheitskosten sind kaum mehr zu bezahlen. Junge Ärzte leben - trotz Plackerei zum Teil rund um die Uhr - am Existenzminimum.

Dennoch stehen auch heute noch Ärzte in der Gesellschafts- und Einkommenshierarchie weit oben. Nicht jeder wird Arzt aus Berufung, sondern hört - völlig legitim - lediglich auf den Ruf des Geldes.

Gott liebt am meisten den Arzt, sagte der Schweizer Arzt und Philosoph Paracelsus vor 450 Jahren. Und heute?

„Noch nie zuvor war der Standard der medizinischen Forschung so groß - noch nie zuvor war zugleich die Kluft zwischen Ärztestand und den Patienten so tief wie heute“, schreibt der österreichische Publizist Maximilian Gottschlich in seinem Buch „Sprachloses Leid“ (Springer, 1998) . 15 Prozent der Österreicher stimmten in einer Untersuchung der Aussage zu: „Ich traue den Ärzten nicht. Sie können nicht wirklich helfen.“

„Zum gnadenlos empfundenen Schicksal der Krankheit kommt eine ebenso als gnadenlos empfundene Medizin hinzu“, schreibt Gottschlich. „Je tiefer die hochgerüstete Apparatemedizin in den organischen Funktionszusammenhang eindringt, desto mehr entfernt sie sich vom heilbedürftigen Menschen in seiner Ganzheit.“

Dabei ist Vertrauen zum Arzt, zum Heiler die Grundvoraussetzung für einen Heilerfolg. So ist es nicht verwunderlich, dass weltweit die Menschen der naturwissenschaftlichen High-Tech-Medizin den Rücken kehren. „Die Schulmedizin ist alarmiert, weil sie zugleich mit ihrem Ansehen ihre Kunden und schließlich auch ihre teuer finanzierte Daseinsberechtigung zu verlieren droht.“

Weit mehr als die Hälfte der Deutschen (61 Prozent) halten Naturheilverfahren für besser als die Schulmedizin. Und weiter heißt es bei Gottschlich: In Australien betrug der Umsatz alternativer Heilverfahren Ende der 90-er 621 Millionen Dollar pro Jahr gegenüber 360 Millionen der pharmazeutischen Industrie.

Die Zweifel sind durchaus berechtigt. Trotz apparativer Hochrüstung ergaben Nachprüfungen der Totenscheine bis zu 65 Prozent Fehldiagnosen (Spiegel Nr. 14/99).

Die Patienten misstrauen den Ärzten immer öfter, die Mediziner leiden aber selbst auch unter diesem System. Die Selbstmordrate, schreibt Gottschlich, ist bei österreichischen Ärzten um cirka 50 Prozent und bei Ärztinnen um 250 Prozent höher als in der Durchschnittsbevölkerung.

Wo also sind wir angekommen? Bei einer Medizin, die noch nie in ihrer Geschichte so viele Krankheiten heilen konnte und die dennoch misstrauisch beäugt wird?

Die entscheidenden Fragen sind:

Heilt die Medizin wirklich immer?

Was löst den Heilvorgang aus?

Der Arzt?

Medikamente?

Der Körper selbst?

4. Die Medizin und der schwarze Schwan

Nicht die Schulmedizin
steckt in der Krise,
sondern die Therapie.

Als der todkranke Mr. Wright hört, dass in einem amerikanischen Krankenhaus das neue Krebs-Wundermittel Krebiozen getestet werden soll, steht für ihn fest: Daran werde ich mich beteiligen. Ausgewählt worden sind lediglich Patienten, denen die Ärzte nur noch wenige Tage zu leben gegeben haben. Die für den Test verantwortlichen Mediziner allerdings lehnen Wright als Testperson ab, zu schlecht steht es bereits um ihn. Erst als er sie beschwört, ihm diesen voraussichtlich letzten Wunsch nicht abzuschlagen, willigen sie ein.

Es stellt sich jedoch bald heraus, dass das Mittel wertlos ist. Bei keinem Patienten zeigt sich auch nur die geringste Wirkung; außer bei Wright. Praktisch von einer Stunde auf die andere erholt er sich, der Tumor verschwindet völlig. Wright wird als geheilt entlassen und verlässt das Krankenhaus am Steuer seines Flugzeuges.

Dann hört er, dass Krebiozen ein wahrscheinlich wertloses Mittel sei. Zwei Monate später ist er wieder in der Klinik, im selben hoffnungslosen Zustand wie zuvor.

Die Geschichte von Mr. Wright, wiedergegeben von Kurt Allgeier in seinem Buch „Die Wunderheiler" (Diana Verlag Zürich, 1990), beschreibt einen Prozess, den die Ärzte fürchten, obwohl er ihre Arbeit unterstützt: den Placebo-Effekt. Eine Krankheit wird geheilt, obwohl dem Patienten keine Medizin, oft nur Zuckerpastillen gegeben worden sind.

Aber warum tritt dann doch eine Heilung ein?

Die Endorphine, jene körpereigenen Opiate, die uns bei Erfolgen in einen Glückszustand versetzen oder Schmerzen vergessen lassen, haben daran großen Anteil. Und der Glaube daran, geheilt zu werden. Das Vertrauen in das eigene Heilungssystem.

Glaube, Vertrauen - das sind keine Begriffe, mit denen die medizinische Wissenschaft etwas anfangen kann, anfangen will. Dr. Andrew Weil, 15 Jahre lang in der pharmazeutischen Forschung und danach Professor für Naturheilverfahren und Präventivmedizin an der Universität von Tucson, Arizona, berichtet in seinem Buch „Heilung aus eigener Kraft" (Goldmann Taschenbuch 1995) über mehrere Spontan- und Placeboheilungen. Die Schulmedizin jedoch, kritisiert Weil, täte das entweder als Hokuspokus ab oder („Es gibt eben Dinge, die wir nicht erklären können“) nehme es lediglich als suspekte, jedoch nicht zu leugnende Tatsache hin. Dabei läge doch darin die große Chance, Prozesse zu erforschen, die der Medizin weiterhelfen können.

Im Westen gilt überdies ein Heilmittel mit breitem Anwendungsgebiet als schwach. Ein Medikament muss ganz gezielt wirken. Der Schmerz sitzt im linken Finger, also muss auch genau dort geholfen werden. Ganz anders im Osten. In der chinesischen Medizin zählen Medikamente mit breitem Anwendungsspektrum zur höchsten Kategorie. Zum Beispiel Ginseng, das lateinisch Panax heißt und etwa mit alles heilend übersetzt wird.

Die moderne Schulmedizin zählt sich zu den Wissenschaften und will mit nicht eindeutig nachvollziehbaren Heilungserfolgen nichts zu tun haben. Und so muss sie sich denn auch einen Vergleich mit der als exaktesten Wissenschaft überhaupt angesehenen Physik gefallen lassen. Weil schreibt: „Haben Physiker die Hypothese, alle Schwäne seien weiß, wird die Entdeckung des ersten schwarzen Schwanes diese Hypothese ein für alle Mal erledigen. Anders dagegen bei der Schulmedizin, die in einem solchen Fall dazu neigt, den schwarzen Schwan zu übersehen, ja nicht selten sogar seine Existenz abstreitet. Anstatt im wissenschaftlichen Sinne froh über die Enttäuschung zu sein, die immerhin eine Täuschung beendet, wird eher versucht, den Entdecker des schwarzen Schwans lächerlich zu machen.“

Für Weil ist ein Placebo „ein Zeugnis für das menschliche Heilungspotential“. Und gerade dies nimmt die westliche Schulmedizin nicht wahr.

Dabei ist es nur logisch, dass es ein körpereigenes Heilungssystem, dass es einen Selbstreparaturmechanismus geben muss. Wie sonst hätten die Menschen der Urzeit ohne Arzt und Medikamente überleben können?

Was aber ist Heilung?

5.

Der Schwanz des Salamanders

Heilung ist die Wiederherstellung von Form und Funktion. Die Funktion ist ein selbsterhaltender Trieb.

Stellen Sie sich vor, Sie schneiden sich in den Finger. Sie geraten darüber nicht in Panik. Die Wunde blutet, nun gut. Aber Sie wissen, es wird aufhören, die Wunde wird sich schließen. In einigen Tagen hat sich die Haut wieder regeneriert, die Verletzung ist repariert. Ohne Arzt. Ohne Medizin, allenfalls ein Pflaster unterstützt den Prozess.

Stellen Sie sich ebenfalls vor. Sie brechen sich ein Bein. Das wird Sie zwar schon etwas mehr in Aufregung bringen, Ihnen aber dennoch keine schlaflosen Nächte bereiten. Der Arzt gipst das

Bein ein, einige Wochen später ist der Knochen wieder wie neu. Ohne Medizin, ohne Operation. Sie lassen dem Knochen lediglich die Zeit, das selbst zu erledigen.

Für uns sind diese Abläufe selbstverständlich, wir haben sie - zumindest im Falle des blutenden Fingers - oft erlebt. Bei anderen Verletzungen allerdings (beispielsweise einem Bänderriss) trauen wir unserem Körper diese Selbstheilungskraft nicht zu. Warum?

Was geschieht eigentlich, wenn eine blutende Wunde oder ein gebrochener Knochen geheilt werden?

Das Blut aus der Wunde wird schnell gerinnen, die Blutkruste schützt die Wunde. Innerhalb von 24 Stunden entsteht eine Entzündung an den Wundrändern, Sie spüren die Schwellung und Wärme. Das sind deutliche Zeichen dafür, dass die Immunreaktion begonnen hat. Weiße Blutkörperchen wandern zur Wunde, um sie gegen eindringende Bakterien zu verteidigen und sie von toten und sterbenden Zellen zu reinigen. Bald darauf kommen die Makrophagen, die abgestorbenes Gewebe in großen Mengen auffressen. Parallel dazu wachsen unter den Wundrändern Ausläufer der Oberflächenzellen unter dem Blutklumpen heran. Sie nähern sich immer mehr, bis sie zusammenwachsen und eine dünne neue Haut die Wunde verschließt. Innerhalb der neuen Haut wachsen neue Blutgefäße. Wenn die Blutkruste abgefallen ist, sieht Ihr Finger aus wie neu.

Das alles erledigt das Heilungssystem automatisch, ohne dass es Ihr Hirn befehlen müsste.

Ähnlich ist es auch beim Knochenbruch. Hier allerdings kommt ein interessanter Aspekt hinzu. Der amerikanische Wissenschaftler Robert O. Becker hat schon 1985 festgestellt, dass sich die reifen Zellen am Ende der Knochen-Bruchstellen in ihre sozusagen embryonale Entwicklungsstufe zurückverwandeln. Das heißt, dass die Zellen, ausgelöst durch winzige elektrische Steuersignale, in den einfachen Zustand wie direkt nach der Geburt gebracht werden (man nennt das Entdifferenzierung). Sie haben dann wieder die nötige Wachstums- und Regenerationskraft, um das komplexe Gebilde der Knochensubstanz mit all den unterschiedlichen Zellen erneut aufzubauen.

Becker forschte sogar noch weiter und erkannte, dass durch den gleichen Prozess Salamander verloren gegangene Gliedmaßen regenerieren können. Theoretisch, meint Becker, müsste also auch der Mensch die gleiche Fähigkeit haben. (Beispielsweise kann sich die Leber, selbst wenn bis zu 80 Prozent von ihr entfernt werden, innerhalb von Stunden vollständig regenerieren.) Die Voraussetzungen und Mechanismen sind da, das Problem besteht nur darin, wie die einzelnen Prozesse aktiviert werden können

Das würde völlig neue Möglichkeiten eröffnen, Heilung durch elektrische Signale auch von außen zu initiieren. Am Ende müssen nur die Schaltmechanismen in den Zellen entdeckt werden, um in allen Organen Heilungserfolge wie bei der Leber zu erreichen.

6.

Einstein und die Enterprise

Die moderne Physik hat das klassische wissenschaftliche Weltbild erschüttert und neue Bescheidenheit gelehrt. Denn sie beweist: Die Teilchen der atomaren und subatomaren Welt trotzen den physikalischen Regeln, mit denen wir im Alltag zu tun haben.
Zeitschrift Geo,
Nummer 1 , 1999

Wir wissen gar nicht, was alles möglich ist.

Wo stehen wir also zu Beginn des 3. Jahrtausends? Vor gerade einmal 200 Jahren war der Aderlass noch das wichtigste Instrument der Ärzte für fast alle Krankheiten. Heute lachen wir darüber. Worüber lachen wir im 23. Jahrhundert?

Springen wir direkt dorthin – in die Zukunft. Scotti, beam uns hoch!

Sternzeit 38648.6. Das Raumschiff Enterprise[1] *stößt in immer fernere Welten vor, entdeckt Dinge, die nie ein Mensch gesehen hat; Dinge mit unvorstellbaren Eigenarten oder Möglichkeiten. Beamen, also reisen dadurch, dass ein Mensch in seine Atome zerlegt und an anderer Stelle wieder zusammengefügt wird, ist normal. An Bord ist mit „Pille" Mc Coy auch ein Arzt, der im Einklang mit modernster Technik Verletzungen schnell und gründlich heilt. Mit seinem kleinen, blinkenden Gerät muss er nur in geringem Abstand über die verletzte Stelle gleiten, schon wird die Verletzung analysiert und geheilt.*

Kein Science-Fiction-Fan wundert sich über die Vorstellung, elektronische Impulse könnten einen Heilvorgang auslösen. In ein paar Hundert Jahren wird das die medizinische Forschung schon hinkriegen.

Aber die physikalischen Gesetze sind auch in 200 oder 1000 Jahren noch die selben wie heute. Was also ist jetzt schon möglich? Auf welchem Stand ist die Physik heute?

---

[1] Die Enterprise erforschte den Weltraum in einer erfolgreichen Fernsehserie der 70er und 80er Jahre.

Im 17. Jahrhundert ließ ein Mann namens Galileo Galilei unterschiedlich schwere Kugeln eine abschüssige Strecke hinabkullern und beobachtete dies genau. Was wir heute als kindisch ansehen, war der Beginn der wissenschaftlichen Forschung. Galilei war der Erste, der solche Versuche auch mit mathematischen Formeln verknüpfte. Er gilt als Vater der Wissenschaft.

Physik nennen wir heute die Wissenschaft, die sich mit den Gesetzmäßigkeiten der unbelebten Materie beschäftigt. Sie ist die Grundlage für alle anderen exakten Wissenschaften. Und sie ist eines der wichtigsten Fächer in der Ausbildung der Mediziner.

Auch Laien können leicht nachvollziehen, dass zum Beispiel ein Hosengummi verhindert, dass die Hose der Schwerkraft gehorchend nach unten rutscht. Reißt es, gibt es für die Hose kein Halten mehr. Im medizinischen Bereich ist ebenso einsichtig, dass ein Band, das ein Gelenk zusammenhält, reißen muss, wenn es über die Maßen gedehnt wird. Und es ist nur folgerichtig, dass das Band wieder in seine ursprüngliche Form gebracht werden muss, will es seine Funktion (das Gelenk zu stützen) wieder ausfüllen.

Physikalisch gehen wir auch bei einer leichten Verletzung vor. Stoßen wir unseren Arm an einem harten Gegenstand, entsteht durch den starken Druck eine Prellung. Wir kühlen die verletzte Stelle, damit sich die verletzten Blutgefäße zusammenziehen und nicht mehr weiterbluten und so der Bluterguss nicht zu groß wird. Ist der Prozess abgeschlossen, wärmen wir die Stelle, um den gegenteiligen Effekt zu erzielen. Die Haut wird warm, also besser durchblutet, die Reste des Blutergusses, abgestorbene Gewebeteile und Schlackstoffe, werden schneller weggeschafft.

Schwieriger wird es schon, beispielsweise die Wirkung von Röntgenstrahlen zu verstehen. Oder die der Computer-Tomographie.

Physik ist leider nicht immer so einfach nachvollziehbar wie Galileis Experiment mit den Kugeln. Auch Galilei hatte nicht immer Erfolg und er musste schmerzhaft erfahren, dass wissenschaftliche Erkenntnisse nicht akzeptiert, ja sogar bekämpft werden. Seine Behauptung, die Erde drehe sich um die Sonne und nicht umgekehrt, musste er widerrufen. Die katholische Kirche hatte gedroht, ihn als Ketzer zu verbrennen.

Den Scheiterhaufen muss heute niemand mehr fürchten, gesellschaftliche Ächtung aber durchaus. Samuel Hahnemann zum Beispiel, der Begründer der Homöopathie, verlor zu Beginn des 19. Jahrhunderts trotz großer Erfolge den von seinen Ärztekollegen gegen ihn angezettelten Kampf.

Physik ist manchmal auch verwirrend. Elektromagnetische Wellen beispielsweise sind manchmal Musik aus dem Radio (140 Kilohertz bis

100 Hz), elektrischer Strom (1000 Hz), farbiges Licht von violett bis rot (10^{15} Hz) oder Röntgenstrahlen (10^{17} bis 10^{22}Hz).

Sternzeit 38648.6. Das Raumschiff Enterprise hat an Bord ein Elektron zu Versuchszwecken. Es ist von einem zweiten Elektron getrennt worden, das auf der Erde zurückblieb. Alle Elektronen, Bestandteile der Hülle eines Atoms, haben einen Spin, das heißt sie drehen sich um sich selbst. Zwei Elektronen, die zusammengehören, drehen sich immer entgegengesetzt, sodass der Spin zusammen null ergibt. Das Elektron an Bord der Enterprise dreht sich nach links, das Elektron auf der Erde genau entgegengesetzt, also nach rechts. Die Raumschiffbesatzung soll in enger Zusammenarbeit mit der Erdstation untersuchen, wie sich eine Änderung des Spins ihres Elektrons auf das zweite Elektron auf der Erde auswirkt.

Der Versuch beginnt. Die Enterprisebesatzung erkennt, dass sich der Spin ihres Elektrons ändert. Es dreht sich nun nach rechts. Zur gleichen Zeit misst die Erdstation eine Veränderung am zweiten Elektron: Das dreht sich nun nach links, also auch wieder genau entgegengesetzt. Die Veränderung geschah an beiden Elektronen zur gleichen Zeit, obwohl sie Lichtjahre voneinander entfernt sind.

Die Enterprise erweitert das Experiment. Captain James T. Kirk beschließt, eine andere Messachse zu wählen; also dass die Achse nun nicht vertikal, sondern horizontal verläuft. Das Elektron an Bord der Enterprise müsste sich nun nicht mehr von links nach rechts oder umgekehrt drehen, sondern horizontal, beispielsweise von oben nach unten. Kaum beschließt er das, schon ändern sich die Achsen wirklich. Das Elektron dreht sich von oben nach unten. Im selben Augenblick wechselt auch das Elektron auf der Erde seine Drehachse, dreht sich von unten nach oben. Anscheinend hat allein Kirks Wille das erreicht.

Eine Änderung der Drehrichtung nur durch den Willen und gleichzeitig bei zwei Lichtjahre voneinander entfernten Elektronen? Das kann sich wirklich nur ein Science-Fiction-Autor ausdenken.

Oder?

Nein. Das EPR-Experiment (Einstein, Podolsky, Rosen) hat sich unter anderem Albert Einstein ausgedacht. Zwei Elektronen mit dem Gesamtspin null werden durch einen Vorgang auseinander getrieben, der ihren jeweiligen Spin nicht beeinträchtig. Sind sie weit genug auseinander, beginnen Messungen wie auf der Enterprise; mit dem selben Ergebnis. Beide Elektronen reagieren gleichzeitig, obwohl sie räumlich weit von einander entfernt sind. Das Gedanken-Experiment ist nur ein Teil einer Entwicklung, die Anfang des 20. Jahrhunderts Physikern wie Einstein oder Werner Heisenberg das Gefühl gab, „als würde mir der Boden, auf dem die Wissenschaft steht, unter den Füßen weggezogen“ (Heisenberg).

Einstein hatte nachgewiesen, dass nichts schneller ist als das Licht. Zusammen mit den Physikern

Niels Bohr und Heisenberg hat er außerdem zur Kenntnis nehmen müssen, dass im subatomaren Bereich, also im Bereich der Protonen, Neutronen und Elektronen im Atom, nichts ist, wie es die Physik vorher als sicher angenommen hatte.

Am Beispiel von Quanten (wie zum Beispiel Lichtteilchen, auch Photonen genannt) hat Heisenberg in seiner Quantentheorie bewiesen, dass Elektronen manchmal als Teilchen auftreten und manchmal als Wellen.

Eine Blumenvase können wir in die Hand nehmen. Sie besteht wie jede Materie aus Atomen. In den Atomen aber, „auf subatomarer Ebene, existiert die Materie nicht mit Sicherheit an bestimmten Orten, sondern zeigt vielmehr die Tendenzen zu existieren". Nichts ist mehr greifbar. Der Physiker Richard Feynman hat einmal gesagt: „Ich denke, ich kann davon ausgehen, dass niemand die Quantenmechanik versteht."

Auch Heisenberg hat durchaus erkannt, dass sie „die Grenzen der menschlichen Vorstellungskraft" erreicht oder gar übersteigt: „Atomare Vorgänge laufen nie mit Sicherheit zu bestimmten Zeiten und auf bestimmte Weise ab, sondern zeigen eher Tendenzen aufzutreten."

Die Blumenvase als atomares Geschehen, das niemals mit Gewissheit voraussagbar ist, sondern nur als Wahrscheinlichkeit? Der menschliche Körper als Summe von Elementarteilchen, die nicht aus einem materiellen Stoff gemacht sind, sondern in aberwitzigem Tempo (manchmal fast mit Lichtgeschwindigkeit) in der Atomhülle durcheinander rasen? Ein Muskel, ein Gelenk, ein Band, das nicht feste Substanz ist, sondern „dynamische Muster, die sich unaufhörlich ineinander verwandeln – der ununterbrochene Reigen der Energie“ (Physiker Fritjof Capra)?

Ist das die Medizin von Pille McCoy auf der Enterprise?

Warum sollen wir darauf noch 200 Jahre warten?

„Medizin und Biologie haben diesen kühnen Sprung, den die Physiker vollzogen haben, noch nicht gemacht, sondern stehen in ihrer Denkweise noch weitgehend auf dem Boden der klassischen Naturwissenschaften“, zitiert Kurt Allgeier in seinem Buch „Die Wunderheiler“ Prof. Dr. Alfred Stelter, Physiker und Chemiker an der Hochschule in Dortmund.

Einer aber ist den Weg schon jetzt sehr weit gegangen.

Von Hallein ins Neandertal

7. Der Rauswurf

Ich bin kein Außenseiter.
Ich bin der Fortschritt.

Im Mai 1998 besucht Gerda M. mit ihrem Sohn Jens eine Orthopädie-Praxis in der Nähe von Stuttgart. Beide sind schon oft dort gewesen. Sie kennen den Arzt gut, vertrauen ihm bereits seit mehreren Jahren. Diesmal allerdings betreten sie das Untersuchungszimmer mit einem mulmigen Gefühl.

Jens hat sich das Kahnbein an der Hand gebrochen und trägt sie deshalb in Gips. Er und seine Mutter kennen diese Verletzung. Erst vor einem Jahr hatte sich Jens das Kahnbein der anderen Hand gebrochen. Damals waren alle Heilungsversuche des Arztes vergeblich gewesen. Ein kleiner Spalt, der nicht zuwachsen wollte, blieb bestehen. Jens aber wollte wieder Handball spielen.

Im Mai 1997, fünf Monate nach der Verletzung, waren beide schließlich nach Hallein gefahren in die Praxis von Mohamed Khalifa. Nach einstündiger Behandlung hatte Jens die Hand wieder völlig normal bewegen können, hatte wenige Tage danach wieder Handball gespielt.

In der Praxis des Orthopäden bewies das Röntgenbild weitere zwei Monate später: Der Spalt ist zugewachsen. „Glück gehabt", meinte der Arzt. „Die Spalte hatte sich nicht geschlossen, weil eine für diesen Bereich zuständige Versorgungsbahn gestört war. Die ist jetzt wieder angesprungen."

Vom Besuch in Hallein hatten Jens und seine Mutter dem Arzt damals nichts erzählt.

Jetzt aber müssen sie es tun. Gerda M. will den Arzt auffordern, den Gips zu entfernen. Und sie wird ihm erklären müssen, dass sie das nur tut, um erneut mit ihrem Sohn nach Hallein fahren zu können.

Ihr mulmiges Gefühl trügt die beiden nicht. Der Arzt ahnt sofort, was die beiden vorhaben. Auch er hat bereits von Mohamed Khalifa gehört. Und er sagt den beiden deutlich, was er von ihm hält.

Doch er belässt es nicht dabei. Er verabschiedet sie mit den Worten: „In meine Praxis brauchen Sie und Ihre Familie nicht mehr zu kommen."

8. Die Suche nach der vollständigen Heilung

Ich bin nicht der Beste, nur der Pionier einer neuen Entwicklung.

Was hat den Arzt so aufgebracht? Was ist in Hallein? Wer ist Mohamed Khalifa?

Um nach Hallein zu kommen, starten wir noch einmal eine Zeitreise. Diesmal nicht in die Zukunft, sondern in die Vergangenheit; ins Jahr 1031.

> „In dir spüre ich ein so starkes Bedürfnis zu heilen, dass es schmerzt“, sagt der Arzt aller Ärzte, Ibn Sina, in Noah Gordons Bestseller „Der Medicus“ zur Hauptfigur des Romans Rob Jeremy Cole. Cole bricht im Jahr 1031 aus England nach Persien auf, um zu lernen, wie man Menschen heilt. Seine Suche, sein Weg aus dem finsteren Mittelalter ins aufgeklärte Reich des Ostens, von Klistieren

und Aderlässen zu fundierter Diagnose und Chirurgie, kostet ihn mehrfach fast das Leben und bringt ihn selbst nach jahrelanger erfolgreicher Arbeit beinahe noch vor den Henker.

Die neue Suche nach Heilung, nach vollständiger Heilung, beginnt im Januar 1996 im schwäbischen Winterbach.

Angelika Schwab fühlt sich nach einem 1993 operierten Kreuzbandriss wieder gut. Sie glaubt sich geheilt. Bis ein Freund ihres Mannes zu Besuch kommt. „Du bist nicht geheilt", sagt er zu ihr. „Oder ist alles wieder wie vorher?"

Das ist es nicht. „Wo geschnitten wurde, ist es wie taub", sagt Angelika Schwab. „Außerdem kann ich nicht drauf knien. Ich merke, da ist irgendetwas anders."

Der Besucher heißt Mohamed Khalifa und betreibt im österreichischen Hallein ein „Institut für manuelle Methodik". Im Grunde bedeutet dies nur, dass er mit den Händen arbeitet; ausschließlich mit den Händen.

Damit behandelt er auch Angelika Schwab. Im April des gleichen Jahres besucht sie ihn während eines Tennis-Trainingslagers in Salzburg im nahe gelegenen Hallein. Khalifa behandelt sie morgens, nachmittags spielt sie wieder Tennis. Das „pelzige

Gefühl" ist weg, Angelika Schwab kann auch wieder auf den Boden knien. „Jetzt", sagt Khalifa, „bist du geheilt."

Mohamed Khalifa, wieder eine neue obskure Heilmethode? Statt Qigong, Reiki oder die fünf Tibeter aus Fernost nun Handauflegen aus Österreich?

10. März 1996. Jürgen Passon, Fußballer beim Bezirksligisten VfL Winterbach, reißt sich im Spiel beim TSV Schlechtbach das vordere Kreuzband im linken Knie.

Kreuzbandriss! Eine Katastrophe für jeden Sportler. Operation, ein halbes Jahr Pause mindestens, mehrere Monate Quälerei im Rehabilitationszentrum, um wieder Anschluss zu finden. Wenn das überhaupt gelingt.

Für Jürgen Passon ist es doppelt schlimm. Es ist bereits sein zweiter Kreuzbandriss und erst zehn Tage zuvor hat er ein großes Sporthaus übernommen. Er kann sich nicht einfach krank melden.

Jürgen Passon kennt die Familie Schwab. Am 14. März setzt er sich zu Jürgen Schwab ins Auto und fährt mit ihm nach Hallein. Eineinhalb Stunden behandelt ihn Khalifa. Am 14. April steht er in der Partie gegen den TSV Schwaikheim wieder auf dem Platz. Fünf Wochen nach seinem Kreuzbandriss.

Fünf Wochen, um eine Verletzung zu überwinden, für die selbst rundum versorgte Profisportler wie Oliver Kahn oder Lothar Matthäus mindestens ein halbes Jahr brauchen? Geheilt nach nur eineinhalb Stunden Behandlung?

Vielleicht. Aber ist die Heilung dauerhaft? Wie viel Zeit wird vergehen, bis die Schmerzen wieder einsetzen?

Hansi Müller war eines der größten Talente im deutschen Fußball. 1982 holte ihn Inter Mailand, doch das Knie war seine Achillesferse. 1981 und '87 wurde er am rechten Knie operiert, Teile des Meniskus wurden entfernt. Beide Male registrierte der Arzt ein immer dünner werdendes vorderes Kreuzband.

1988 schließlich, Müller spielt für den FC Tirol Innsbruck, wird er schwer verletzt. Eine Kernspintomographie bei Dr. Hans-Wilhelm Müller-Wohlfahrt in München ergibt: „Das vordere Kreuzband existiert nicht mehr."

Der Operationstermin bei Dr. Richard Steadmann in den USA ist bereits vereinbart, der Flug gebucht, als Skirennläufer Marc Girardelli dem Fußballer Mohamed Khalifa empfiehlt. Zwei Wochen später spielt Müller wieder und Trainer Ernst Happel grantelt: „Du hast ja gar keinen Kreuzbandriss gehabt."

Zwölf Jahre später sagt Müller: „Ich habe keine Probleme. Ich kann mein Knie voll belasten." Er bestreitet jährlich rund 20 Spiele in Prominententeams, spielt Tennis, fährt Ski.

Nicht nur Hansi Müller ist seit Jahren Beschwerde frei. Auch Alexander Beck vom Fußball-Bezirksligisten 1. FC Grosselfingen hat „bis heute keine Probleme", nachdem ihm Khalifa 1988 seinen doppelten Bänderriss behandelt hatte. Er ist nur einer von vielen Spielern aus dem FC-Team, die Khalifa besucht haben.

Wer ist dieser Mohamed Khalifa? Wer kennt den Mann, der selbst schlimmste Sportverletzungen in nur eineinhalb Stunden lediglich mit den Händen heilt?

In den Medien taucht sein Name kaum auf, obwohl er schon vielen Topstars wie Marc Girardelli, Fredi Bobic, Sergej Bubka oder Andi Goldberger geholfen hat. Erst als er Boris Beckers Sehnenriss in der Schlaghand heilte, wurde er entdeckt, danach aber schnell vergessen und nur von der Boulevard-Presse immer mal wieder als Wunderheiler gepriesen. Wer ist dieser Mensch. Klar ist zunächst nur eines: Seine Praxis ist in Hallein.

9. „Gehst mal zum Sagen umwobenen Wunderheiler“

Heilen ist eine Fähigkeit.

Hallein, zehn Kilometer südlich von Salzburg. 20000 Einwohner. Vor den beiden „Barmsteinen“ gelegen, eine idyllische Stadt, mit engen Kopfsteinpflastergassen, kleinen Geschäften, heimeligen Cafés, zartfarbenen Häusern aus dem 17. Jahrhundert. Die Papierindustrie sorgt für Gewerbesteuern, das Salzbergwerk Bad Dürnberg mittlerweile nur noch für Touristen.

Wer kennt hier Mohamed Khalifa?

„Die wenigsten wissen von ihm“, meint Hannes Proksch, Kellner im Stadtkrug. Auch er kennt ihn nur „vom Hörensagen“. Zu selten lässt sich Khalifa auf der Straße sehen. Aber: „Man hört unglaubliche Dinge.“

Frank Liedl vom Barock-Café war schon in Khalifas Praxis. Wegen seines steifen Nackens sei er „von Pontius zu Pilatus“ gerannt. Von den Ärzten habe er nur Schmerzmittel bekommen. Schließlich habe er sich gesagt: „Gehst mal hin zum Sagen umwobenen Wunderheiler.“ Der habe ihm gleich gesagt, dass er die Verknöcherungen im Wirbelsäulenbereich nicht mehr ganz in Ordnung bringen könne. Schon nach einer Stunde Behandlung aber sei es ihm merklich besser gegangen, sagt Liedl, und er fühlt sich auch jetzt noch wohl.

Im „Kaffeehäferl“ ist Khalifa kein Unbekannter. Dort trinkt er ab und zu auch mal einen Kaffee. Dr. Wolfgang Hochsteger, Chef einer großen Rechtsanwaltskanzlei, war zweimal bei ihm. „Das erste Mal war's ein kleines Wunder“, sagt er. Nach einem Muskeleinriss im Unterschenkel wollte der Arzt das Bein bandagieren. In drei bis vier Wochen könne er wieder Tennis spielen, wurde Hochsteger beschieden. Dann sei er „humpelnd und von Schmerzen gezeichnet“ zu Khalifa. „Zwei Tage später habe ich wieder völlig schmerzfrei Tennis gespielt.“

Rochus Scharler lauscht der Erzählung schmunzelnd. Er ist einer der seltenen Menschen, die Mohamed Khalifa ihren Freund nennen dürfen. 1982 hatte er ihn als Patient kennen gelernt. Sein Knie hat Khalifa geheilt, seine Bandscheibe, seinen gebrochenen Daumen nach einem Fahrradunfall.

Rochus Scharler kennt sich deshalb aus. „Das sind Schmerzen bei der Behandlung. Das müssen S' erst mal aushalten."

Er ist sicher, dass die Halleiner stolz sind auf den Mann, der Weltstars in ihre Stadt bringt. Auch wenn das so im Verborgenen abläuft, dass es kaum jemand merkt.

Gesehen hat Boris Becker oder Andi Goldberger die Besitzerin des Fotostudios Brandauer. Ihr Laden liegt genau gegenüber dem Eingang zu Khalifas Praxis. Sie hat auch immer wieder Menschen beobachtet, die *mit* Krücken ins Haus gehumpelt und *ohne* wieder heraus gekommen sind. Darunter auch ihren Mann: einmal nach einem Meniskuseinriss, einmal nach einem Bandscheibenvorfall.

Die Praxis liegt unauffällig im ersten Stock eines fünfgeschossigen, hellblauen Gebäudes in der Halleiner Altstadt am Mathias-Bayrhamer-Platz, auf dem es sich die Halleiner im Sommer im Straßencafé gut gehen lassen. Ein unscheinbares Schild weist auf die Praxis im ersten Stock hin.

Der Treppenaufgang, den schon Millionen schwere Topstars hochgehumpelt sind, führt in einen erst vor kurzem eingefügten Empfangsraum und dann in ein schmuckloses Wartezimmer mit wenigen Stühlen, einem Tisch, einigen Zeitschriften. An der Wand hängt der Spruch: „Der Reichtum der Mittel gegen bestimmte Krankheiten deutet auf die Armut und die Not der Kunst hin."

Hier arbeitet der Mann, der Ministerpräsidenten heilte? Der Mann, der seine Arbeit jeden Morgen um 3 Uhr mit Meditation und 400 Liegestützen auf den Fingerspitzen beginnt. Der Mann, der den Hörer auflegt, wenn der Generaldirektor seine Sekretärin einen Termin ausmachen lässt und sich nicht selbst um seine Gesundheit kümmert?

10. Der Heiler

„Auserwählt? Zum ersten Mal empfand er den Wunsch, Arzt zu werden. Wirklich fähig zu sein, dem Tod entgegenzutreten."
Noah Gordon

Rob Jeremy Cole, der Medicus, verspürte den Wunsch im Jahre 1031. Fast 1000 Jahre später wollte auch Mohamed Khalifa Arzt werden wie viele in seiner Familie. Er studierte in Ägypten, doch dann sollte er zum Militär.

Er kehrte Ägypten den Rücken, ohne seine Ausbildung zu beenden. Die Suche nach Wissen aber hat er nie aufgegeben.

Er kam nach Österreich, 1968, schließlich, fünf Jahre später, nach Hallein. Er entdeckte bei seiner Arbeit als Masseur - mehr darf er sich wegen des abgebrochenen Studiums nicht nennen -, dass er allein mit seinen Händen den Heilungsprozess in

Muskeln, in Gelenken, in Knochen beeinflussen kann, ohne die Haut zu verletzen. Bis er die Vorgänge, die seine Hände auslösten, auch verstehen, erklären konnte, „das waren Nächte, die mich fertig gemacht haben".

Das aber liegt lange zurück. Genauso die Zeit, als er seine Dienste den Sportvereinen angeboten hat. Heute bitten die Menschen ihn zu helfen. Heute versteht er, welche Vorgänge seine Hände im Körper bewirken. Heute weiß er, wie „die vollständige Heilung" aussieht. Denn nichts anderes will er: eine komplette Heilung, ohne den Körper zusätzlich zu verletzen.

Der Mann, der die Tür zum Behandlungszimmer öffnet, sieht aus wie jeder andere Masseur: weiße Hose, weißes T-Shirt. Mit einem Handtuch wischt er sich den Schweiß von der Stirn. Wunderheiler? Er lächelt freundlich.

Keine Spur von Pomp auch im Behandlungszimmer. Ein Schreibtisch, zwei Stühle, eine Sprossenwand, ein Paravent und die Liege, auf der schon Herbert von Karajan lag, von der Jürgen Passon direkt nach der Behandlung kletterte und Skipings machte. Jede Massagepraxis in Mitteleuropa ist aufwendiger eingerichtet.

„Gehst mal hin zum Sagen umwobenen Wunderheiler", hat Frank Liedl gesagt. Hätte Mohamed Khalifa das gehört, er hätte das Gespräch wohl sofort beendet. Wunderheiler! „Ich bin Schulmediziner. Ich bin auch kein Alternativer. Die Wissenschaft ist Grundlage jeder seriösen Medizin."

Allerdings habe er die Grundlagen der Medizin neu interpretiert und einen neuen Weg gefunden, die Selbstheilungskräfte des Körpers zu aktivieren. „Ich bereite nur vor. Der Körper macht alles selbst."

So simpel ist das? Nur die Selbstheilungskräfte des Körpers aktivieren?

> Rob Jeremy Cole, der Roman-Medicus, war zu Beginn des 11. Jahrhunderts auf seiner Suche nach der Methode, Menschen zu helfen, auf die damals revolutionäre Chirurgie gestoßen. Mohamed Khalifa hat Ende des 20. Jahrhunderts auf seiner Suche nach „einer exakteren Medizin, nach vollständiger Heilung" eine ebenso revolutionäre Methode entdeckt.

Aber was steckt dahinter?

„Forget your hands, trust the hands of Mohamed." Aus der Werbung für seine Schuhe machte Kletterer Pietro Dal Pra eine Widmung für Mohamed Khalifa.

Foto: Davide Carrari

11. Das Knie des Neandertalers

Ich bereite nur vor.
Der Körper macht alles selbst.

Der Körper heilt sich selbst? So einfach ist das? Um das zu verstehen, gehen wir noch einmal 100000 Jahre zurück.

In einem Tal in der Nähe von Köln lebt eine kleine Gruppe Menschen. Neandertaler. Sie verständigen sich mit Lauten, die noch nicht Sprache genannt werden können, sie fertigen mit ihren Händen einfachste Werkzeuge, um Waffen für die Jagd herzustellen oder um Essen zuzubereiten. Ihr Körper ist ihr wichtigstes Arbeitswerkzeug, ihre wichtigste Waffe bei der Jagd, ihr wichtigstes Verteidigungsinstrument. Sie brauchen ihn zum Hinterherlaufen und genauso zum Weglaufen.

Doch einer aus der Gruppe hat sich am Knie verletzt. Er kann es nicht mehr beugen, das Laufen fällt ihm schwer. Das bringt ihn in eine womöglich tödliche Situation. Er kann nicht mehr weglaufen.

Der Körper jedoch nimmt nicht einfach hin, dass ein lebensnotwendiges Gelenk durch eine Schädigung von außen Gefahr für den gesamten Körper heraufbeschwört. Der Körper hat in den Jahrmillionen zuvor bereits einen Selbsterhaltungs-, einen Selbstheilungsmechanismus entwickelt. Sonst wäre der Mensch längst ausgestorben. Eine Maschine geht kaputt, wenn in seinem Räderwerk ein Teil streikt. Das System Mensch funktioniert ganz anders (wir werden darauf noch zurückkommen).

Der verletzte Neandertaler braucht zunächst Zeit. Er hat Kameraden, die ihm helfen können. Und er wird selbst versuchen, sich mit dem Knie zu bewegen, so gut es geht. Schließlich kann er sich nicht aufs Krankenlager legen und der Fürsorge der anderen Gruppenmitglieder überlassen. Die helfen ihm wohl, doch im Mittelpunkt steht das eigene Überleben, das Tag für Tag aufs Neue gefährdet ist.

Der Neandertaler versucht, sein verletztes Gelenk zu bewegen. So wie wir heute noch, wenn wir verletzt werden, automatisch sofort testen, ob wir uns noch so bewegen können wie zuvor. Denn, so sagt Mohamed Khalifa: „Die Funktion ist ein selbsterhaltender Trieb.“ Das heißt nichts anderes, als dass das System Mensch, das sich unter allen Umständen selbst erhalten will, von alleine den Anstoß dazu gibt, die Funktion zu erhalten. Schließlich ist diese Funktion das Ergebnis einer Entwicklung über mehrere Millionen Jahre hinweg, die beste Möglichkeit, die sich gegen viele andere durchgesetzt hat. Und auch das Zusammenspiel mit allen anderen Abläufen im Körper muss funktionieren, sonst ist das Leben gefährdet. Bei unserem Neandertaler muss also zunächst das Knie wieder seine Funktion erfüllen können.

Hat er Zeit genug, gerät er nicht zu früh in eine ausweglose Situation, kann er bald vielleicht wieder normal gehen. Vielleicht humpelt er ein wenig, vielleicht hat sein Körper in der Not einen alternativen Weg der Fortbewegung gefunden, in dem andere Muskeln zusätzliche Arbeit übernehmen. Aber die Funktion des Knies innerhalb der Bewegungen Gehen, Laufen, Beugen, Springen ist wieder gegeben.

Ob der Selbstheilungsmechanismus immer funktioniert und ob er dem verletzten Neandertaler letztlich wirklich das Leben rettet, ist ungewiss. Vor 100000 Jahren war eine solche Verletzung, zumal in extrem lebensfeindlicher Umgebung, sicher in den meisten Fällen tödlich. Aber der Körper des Neandertalers hat alles Nötige dazu getan, sein Leben zu erhalten.

Auch heute noch geschehen solche Reaktionen häufig, ohne dass wir es merken. Eine kleine

Verletzung heilt sich selbst. Und zuweilen bemerken Chirurgen bei einer Operation, dass der Körper bei einer früheren Verletzung eigenes Gewebe zu einer Konstruktion umgewandelt hat, die der Funktion des Bandes gleichkommt.

Die Funktion ist ein selbst-, ein lebenserhaltender Trieb, sagt Mohamed Khalifa. Folgerichtig hat er die Funktion in den Mittelpunkt seiner Theorie gestellt. Die Funktion und den trophischen Stoffwechsel. Der trophische oder regulative Stoffwechsel regelt die Versorgung des Gewebes mit allen nötigen Nährstoffen. Nur bei ausreichender Versorgung kann sich das Gewebe auch wieder aufbauen. Nur wenn das Gewebe richtig aufgebaut ist, ist die Funktion des Gelenkes oder Muskels gewährleistet.

Ist der trophische Stoffwechsel gestört, sagt Khalifa, ist die Selbstheilung nicht möglich. Deshalb sorgt er dafür, dass er wieder in Ordnung kommt. „Der Körper macht alles selbst. Ich bereite nur vor."

Das klingt, als wäre es eine Kleinigkeit. In Wirklichkeit braucht Khalifa, um durch Abtasten die Signale des Körpers zu lesen und danach den Stoffwechsel und die Funktion des Gelenks wieder in Gang zu bringen, all seine Kraft (auf die einzelnen Vorgänge gehen wir später ein). Mehr als vier Patienten am Tag schafft er nicht. Und auch für den Patienten ist die Behandlung nicht weniger anstrengend und zuweilen eine Tortur.

12. Herr Neandertal und die Krankenkasse

Zuerst muss die Ursache der Verletzung gefunden werden.

Heute würde auch der Neandertaler mit seinem Knie zum Arzt gehen. Er würde einen Termin vereinbaren, zunächst beim Hausarzt.

Der untersucht ihn und stellt fest: Das ist ein Fall für den Spezialisten. Er schreibt Herrn Neandertal eine Überweisung zum Orthopäden und der Krankenkasse eine Rechnung.

Herr Neandertal lässt sich einen Termin beim Orthopäden geben und sitzt eine Woche später in dessen Wartezimmer. Nach zwei Stunden bittet ihn der Arzt ins Behandlungszimmer, untersucht ihn gründlich, lässt eine Röntgenaufnahme machen oder schickt Herrn Neandertal zur Computertomographie. Schließlich diagnostiziert er einen Riss des vorderen Kreuzbandes und rät, weil Herr Neandertal weiterhin Sport treiben will, zur Operation. Eine weitere Woche später setzt ein Chirurg eine Kreuzbandplastik ein und schickt Herrn Neandertal zur Physiotherapie.

Nach vier Monaten versucht Herr Neandertal erstmals wieder zu joggen. Er beginnt langsam und schwerfällig, aber nach 30 Minuten läuft er schon wesentlich leichter und runder.

Der Arzt erklärt ihn für geheilt, die Krankenkasse zahlt für Hausarzt, Orthopäde, Chirurg, Physiotherapeut, Apotheker und Taxifahrer einige Tausend Mark, Herr Neandertal steuert selbst einige Hundert Mark bei.

Ein Jahr später steht er wieder in der Orthopädiepraxis. Es ist kein gutes Jahr gewesen. Zwar joggte er bald wieder sein gewohntes Pensum, doch dann warf ihn eine Oberschenkelzerrung zurück. Kaum war die ausgeheilt, ereilte ihn ein Muskelfaserriss in der Wade. Dass beide Knie schmerzten – das nicht operierte sogar stärker – ignorierte er bald. Die Rückenschmerzen jedoch machten sein Leben schließlich unerträglich.

Der Orthopäde zeigt Mitgefühl: „Der Kreuzbandriss ist so gut verheilt und doch haben Sie so viel Pech. Das mit dem Rücken aber kriegen wir schon wieder hin. Und ich denke, operieren müssen wir noch nicht.“

Noch nicht.

Herr Neandertal ist mit seinem Schicksal kein Einzelfall. Betroffen sind dabei nicht nur Amateursportler, sondern selbst rundum versorgte Spitzensportler. Auf eine überstandene Verletzung folgen immer wieder andere Verletzungen.

13. Beispiele: Von Steffi Graf bis Ronaldo

Fragt die Ärzte,
wann ich zurückkomme.
Youri Mulder, FC Schalke 04

Steffi Graf zählt zu den erfolgreichsten Tennisspielerinnen überhaupt. Doch sie wurde immer wieder von Verletzungen zurückgeworfen. Am 21. September 1998 schrieb das Kicker-Sportmagazin: „Seit Freitagabend aber ist klar, dass die erfolgreichste Tennisspielerin der Moderne ihr Heil in Notlügen gesucht hat - gegenüber einer Öffentlichkeit, die sich zunehmend fragt, warum die Titel verwöhnte Brühlerin mit aller Gewalt und beinahe verzweifelter Hartnäckigkeit an immer neuen Comebacks nach immer neuer Verletzungsqual bastelt.“ Steffi Graf kam durch ihre Hartnäckigkeit noch zu einigen Erfolgen, doch die Verletzungen zwangen sie schließlich zum Karriereende.

Verletzungsserien kennen auch viele andere Sportler, wie einige Beispiele aus der Presse belegen.

Die langen Leiden des Thomas Doll

1980: Bruch des rechten Handgelenks gerichtet. 1983: Bänderriss im linken Sprunggelenk operiert. 1984: Bruch des linken Mittelfußes operiert. 1992: Schwere Prellung am rechten Mittelfuß, lange Pause. 1993: Bänderriss im linken Knie operiert. 1994: Riss der rechten Achillessehne operiert, sieben Monate Pause. Zudem Entzündungen im rechten Sprunggelenk. 1995: Sehnenriss im rechten Fußgelenk operiert, acht Monate Pause, Infektion im linken Knie. 1996: Rippenbruch und Gehirnerschütterung nach schwerem Autounfall. Zudem muskuläre Probleme im linken Oberschenkel. 1997: Linke Achillessehne operiert. Zudem Entzündungen im linken Knie, mehrwöchige Pause. 1998: Knorpelschaden im linken Knie, operiert im August. Kniespiegelung im Dezember zur Kontrolle. Zudem Reizung der linken Achillessehne und ein positiver Dopingbefund - wegen eines seit Jahren benutzten Mittels gegen Gicht. (Kicker 1999). Nachtrag vom Kicker, 12.4.2001: Sehnenbeschädigung durch einen Schleimbeutel im rechten Knie. Verletzungen pflasterten seine Rückkehr (nach Hamburg) und markieren nun das tragische Ende mit der insgesamt neunten Operation.

Die Leiden des Matthias Sammer

1991 Muskelverhärtung, dann -faserriss in der rechten Wade; 1992 Kapselriss im Knöchel, Adduktorenzerrung; 1994/95 Muskelfaserriss in der linken Wade; 1995/96 Muskelverhärtung im Rücken; 1996 Muskelbündelriss im linken Oberschenkel, Muskelquetschung im rechten Oberschenkel; 1995/96/97 Meniskusoperationen; 1997 Muskelfaserriss im Adduktorenbereich rechts, Knorpeloperation im linken Knie, Einriss des Außenmeniskus links und Operation; Entfernung einer Schleimhautfalte im linken Knie. (SPORTS 4/1999). Sammer musste danach seine Karriere beenden.

Olaf Janßen: Dauerpech und über drei Jahre Pause

Herbst 1987: Knöchelbruch und Sehnenverletzung (sechs Monate Pause). Oktober 1990, Juli 1991: Operationen an der Achillessehne (insgesamt 18 Monate Pause). Winterpause 1996/97: Knieoperation (vier Monate Pause). Herbst 1997: Sieben Operationen im Bereich der Achillessehne - 13 Monate Pause. (Kicker-Sportmagazin 1998)

Ein kleiner Auszug aus Meldungen allein aus dem Jahr 1999.

Mulder: 5. OP am linken Knie
Die Befürchtungen haben sich bestätigt: Schalkes Holland-Stürmer Youri Mulder muss nächste Woche zum 5. Mal am linken Knie operiert werden. Mulder niedergeschlagen: „Fragt die Ärzte, wann ich zurückkomme.“ (BILD, 9. 9. 1999)

de Kock: Karriere zu Ende?
Gestern ließ sich Schalkes Johann de Kock zwölf Spritzen in sein linkes Knie jagen, morgen gibt es nochmal die gleiche „Ladung“. Der Holland-Verteidiger und UEFA-Cup-Sieger von 1997 - er kämpft verzweifelt gegen seinen Knorpelschaden und das drohende Karriere-Ende. ... de Kock niedergeschlagen wie nie: „Wenn die Spritzenkur nicht hilft, muss ich nochmals unters Messer.“ (BILD 29. 9. 1999)

Die Hoffnung stirbt zuletzt
Trotz fünf schwerer Operationen seit Anfang 1988 hat Duisburgs Horst Steffen „nicht eine Sekunde“ ans Aufgeben gedacht. Dreimal riss rechts die Achillessehne, danach mussten im linken Bein ein Nerv sowie Verwachsungen entfernt werden. Vor

dieser Saison der nächste Schock - Muskelteilabriss in der rechten Wade. (Sport-Bild 33/1999)

Bärons Schock: Knie dick

War Bäron am Samstag „nur" wegen eines Schlages in die Wade vorsorglich in der Halbzeit in der Kabine geblieben, so folgte am Sonntag der Schock. Über Nacht schwoll das schon acht Mal operierte Knie des HSV-Stürmers derart an, dass dieser sich in ärztliche Behandlung begeben musste. (Kicker, 27. 3. 1999) - Nachtrag vom 9. Januar 2001: Karsten Bäron (27) beendet seine Karriere. Der Stürmer des Hamburger SV leidet seit acht Jahren an einer Knieverletzung, die nur Kurzeinsätze erlaubte, und bestritt sein letztes Spiel im März 2000. (Stuttgarter Nachrichten)

Karlheinz Förster

Fußballspiele? Nicht daran zu denken. Vor elf Tagen wurde Karlheinz Förster am linken Knie operiert, schon zum dritten Mal binnen 15 Monaten. (Kicker, 28. 1. 1999)

Breitenreiter: zweite Operation in 3 Monaten

Stürmer André Breitenreiter musste wieder operiert werden - zum zweiten Mal in drei Monaten. Im Februar war er an der linken Leiste operiert worden. Danach vier Kurzeinsätze, aber wieder neue Schmerzen - diesmal an der rechten Leiste. Breitenreiter nahm Tabletten, die

Schmerzen blieben. Deshalb jetzt die zweite Operation. (BILD, 22. 4. 1999)

Webers Leiden dauern länger

Vom Sommer 1995 bis Frühjahr 1997 hatte sich Ralf Weber dreimal am rechten Sprunggelenk operieren lassen müssen, fehlte der Eintracht über zwei Jahre. Mitte Januar musste er sich einer Operation am linken Knie unterziehen. Eine Routinesache, Bänder und Sehnen waren verklebt, das Kniegelenk nicht betroffen. Eigentlich hatte Weber schon vor einer Woche in Stuttgart sein Comeback geben wollen. Doch bei einem Sturz auf das operierte Knie am Freitag vor zwei Wochen muss ein Erreger in die Wunde gekommen sein. (Kicker, 15. 3. 1999)

Die drei letzten Meldungen standen am gleichen Tag in Sportbild (19. April 2000)

Deisler: Ein Blick in seine Krankenakte

Jedes zweite Spiel gefehlt - Sebastian Deislers Bilanz in seiner ersten Saison bei Hertha BSC liest sich auf den ersten Blick eher traurig: 14-mal musste der Jungstar verletzt aussetzen. Ein Auszug aus seiner Kranken-Akte: Muskelfaserriss,

Innenband-Dehnung, Adduktoren-Zerrung, Knieprellung, Leisten-OP etc.

Angst vor dem eigenen Körper

Bei Frank Busemann war das die WM 1999 in Sevilla, die er bereits nach zwei Disziplinen abbrechen musste. Seine chronischen Rücken- und Hüftprobleme hatte er zuvor in den Griff bekommen, dann machte ein Muskelbündelriss im linken Oberschenkel alle Hoffnungen auf seine dritte Medaille nach Olympia-Silber 1996 und WM-Bronze 1997 zunichte. Danach unterzog er sich noch zwei Knieoperationen.

Paul Meier erlebte bei der WM 1995 ein Desaster. Seitdem hat er keinen Zehnkampf mehr bestritten, dafür füllt sich seine Krankenakte: Kniearthroskopien, Leistenoperationen und Achillessehnenrisse - die Leidensgeschichte des WM-Dritten von 1993 schien endlos.

Ein Schmerz, ein Schrei

Nach 144 Tagen bestritt Ronaldo sein Comeback im Spiel gegen Lazio - nach sechs Minuten war es jäh zu Ende. Sehnendurchriss im rechten Knie. (Ronaldo war 1998 vor dem WM-Finale zusammengebrochen, im Herbst des folgenden Jahres erlitt er einen Patella-Sehnenanriss im rechten Knie und wurde operiert). Nachtrag (Sportbild, 25. April 2001, erneutes Comeback): Jean Issartel, Fußball-Experte aus Brasilien: „Er sieht so stark aus wie immer. Doch seine eleganten, geradezu animalisch leichten Bewegungen sind anders, unkoordinierter als sonst."

All jene Sportler haben mit Herrn Neandertal eines gemeinsam: Sie wurden nach einer Verletzung als geheilt entlassen und die Folgeverletzungen haben scheinbar nichts mit der ersten Verletzung zu tun. Sie wurden von ihren Ärzten perfekt behandelt, perfekt aus deren Sicht, aus der Sicht der herkömmlichen Medizin.

Aber ist das die richtige Sicht? Kann jede Verletzung isoliert für sich gesehen werden? Und waren die Sportler nach der ersten Verletzung wirklich geheilt?

Vollständig geheilt?

Immer noch sind wir bei der Frage: Was ist Heilung?

14. Wo stehen wir, wo wollen wir hin?

Wir brauchen Fortschritt in der Medizin.

Wo sind wir jetzt angekommen?

Wir sind in Hallein in der Praxis von Mohamed Khalifa und bei einer völlig anderen Sicht der Medizin als jener, die wir in Arztpraxen und Krankenhäusern finden. Jener Sicht, die wir als normal erachten.

Wir haben gesehen, dass die Medizin entscheidend zu unserem Wohlstand und zu unserem Wohlbefinden beigetragen hat, dazu, dass sich unsere Lebenserwartung in den zurückliegenden 100 Jahren verdoppelt hat.

Dennoch gibt es große Skepsis der modernen Medizin gegenüber, die zudem immer umfangreichere finanzielle Mittel verschlingt. Wir haben auch gesehen, dass selbst Routine-Operationen lebensgefährlich werden können, wie die Kreuzband-Operation von Steffen Alt. Operationen, die gar nicht nötig wären, wenn wir Mohamed Khalifas Weg folgten, den Körper und seine Selbstheilungskräfte wieder zu respektieren statt sie - wie die moderne Medizin (siehe Placebo-Effekt) zu ignorieren oder gar zu leugnen. Wenn wir uns auch mehr dem trophischen Stoffwechsel zuwenden würden, anstatt auf Skalpelle zu vertrauen, die bei ihrem Versuch zu heilen erst einmal gesundes Gewebe zerschneiden, zerstören, wichtige Versorgungsbahnen, die zur Heilung nötig sind, durchtrennen.

„Wir brauchen Fortschritt in der Medizin und der geht in Richtung Stoffwechsel", sagt Mohamed Khalifa. Was dazu gehört, welche Rolle dabei die neue Physik und Albert Einstein spielen, welche Chancen sich für eine Medizin, die wieder heilt statt nur zu reparieren, ergeben, darauf sucht der zweite Teil Antworten.

Antworten darauf, warum eine Verletzung oft eine ganze Reihe weiterer Verletzungen nach sich zieht. Antworten darauf, wie ein Kreuzband in nur 90 Minuten geheilt werden kann, ohne dass es selbst von außen berührt wird. Antworten darauf, wie scheinbar Unerklärliches doch nachvollziehbar wird.

Allerdings müssen Sie sich dazu auf ein Wagnis einlassen. Wir fliegen ins Weltall.

Teil II:

Ins Weltall und in unser Innerstes

15. Ich bin doch kein Auto

Wir drehen das Rad der Zeit zunächst noch einmal zurück. Nicht um 100000 Jahre, sondern nur um 16 Monate. Herr Neandertal hat sich nicht operieren lassen. Er hat von Mohamed Khalifa gehört und beschlossen, sich das näher anzuschauen. Allerdings fährt er mit einer gehörigen Portion Skepsis nach Hallein. Er will diesem Mohamed Khalifa erst einmal auf den Zahn fühlen.

KHALIFA: Guten Morgen. Sie kommen zu mir, weil Ihr vorderes Kreuzband gerissen ist?

NEANDERTAL: Ja. Aber bevor Sie anfangen, möchte ich erst wissen, was Sie eigentlich machen.

KHALIFA: Ich heile Sie.

NEANDERTAL: Das tut mein Orthopäde bzw. Chirurg auch.

KHALIFA: Sind Sie sicher?

NEANDERTAL: Klar. Er setzt mir ein neues, künstliches Kreuzband ein und ein halbes Jahr später kann ich wieder Tennis spielen.

KHALIFA: Ah, ich verstehe. Sie lassen Ihren Keilriemen auswechseln.

NEANDERTAL: Bitte?

KHALIFA: Ihr Kreuzband ist kaputt, also lassen Sie es reparieren oder, wenn das nicht möglich ist, auswechseln. Genauso wie wenn an Ihrem Auto der Keilriemen gerissen ist.

NEANDERTAL: Ich bin doch kein Auto!

KHALIFA: Sehr richtig. Aber behandelt werden Sie so.

NEANDERTAL: Wie meinen Sie das?

KHALIFA: Ihr Orthopäde oder Chirurg wechselt Ihr Kreuzband aus, wie der KFZ-Mechaniker den Keilriemen. Wenn Sie später nochmals mit Rückenschmerzen zu ihm kommen, untersucht er

Ihren Rücken und behandelt Sie dort. Womöglich operiert er sie erneut, diesmal am Rücken. Wieder macht er es wie der KFZ-Mechaniker. Er repariert das defekte Teil, jetzt vielleicht den Anlasser, oder er tauscht es aus.

NEANDERTAL: Was soll er denn sonst machen?

KHALIFA: Suchen.

NEANDERTAL: Suchen?

KHALIFA: Ja, die Ursache der Verletzung.

NEANDERTAL: Aber ich sage ihm doch, dass mein Rücken weh tut.

KHALIFA: Deshalb muss die Ursache für die Schmerzen aber nicht im Rücken liegen.

NEANDERTAL: Sondern?

KHALIFA: Sie kann beispielsweise im zuvor operierten Knie liegen oder an der Stelle, die wiederum der Auslöser für die Knieverletzung war. Schließlich ist bei der Operation nicht nach der eigentlichen Ursache gesucht worden bzw. ist die Ausgangsverletzung nicht behandelt worden.

NEANDERTAL: Wozu denn auch? Mein Kreuzband ist gerissen, also kriege ich, völlig logisch, ein neues eingesetzt.

KHALIFA: Einen neuen Keilriemen.

NEANDERTAL: Ich habe Ihnen schon mal gesagt, ich bin kein Auto.

KHALIFA: Richtig. Deshalb müssen Sie auch anders behandelt werden.

NEANDERTAL: So wie bei Ihnen?

KHALIFA: Zum Beispiel.

NEANDERTAL: Und was machen Sie?

KHALIFA: Zunächst respektiere ich Ihren Körper und schade ihm nicht. Ich zerschneide und zerstöre nichts. Ich höre gewissermaßen mit meinen Händen in Sie hinein.

NEANDERTAL: Mit Ihren Händen?

KHALIFA: Ja. Ich lausche in Ihren Körper und gehe Schritt für Schritt zur Ursache Ihrer Verletzung zurück und von dort wieder Schritt für Schritt nach vorne, um alle Strukturen im Körper wieder in den Zustand zu bringen, den Ihr Körper braucht.

NEANDERTAL: Ohne Keilriemen?

KHALIFA: Ohne künstlichen. Sie bekommen im Prinzip wieder den Keilriemen, den Ihr Körpersystem braucht, der mit allen übrigen Muskeln, Sehnen, Nerven, allen übrigen Körperzellen, optimal zusammenarbeitet.

NEANDERTAL: Und das nur mit Ihren Händen?

KHALIFA: Ja.

NEANDERTAL: Und das dauert nur, so habe ich gehört, 60 bis 90 Minuten?

KHALIFA: Zunächst. Der Heilungsvorgang dauert aber weiter an.

NEANDERTAL (schüttelt ungläubig den Kopf)

KHALIFA: Versuchen wir' s anders. Warum sind Sie zu mir gekommen?

NEANDERTAL: Na, weil ich wieder laufen möchte.

KHALIFA: Genau. Sie wollen doch eigentlich von mir keine genaue Analyse, ob das Kreuzband angerissen ist oder ganz gerissen, ob ich Ihren trophischen Stoffwechsel wieder in Gang bringe …

NEANDERTAL: … tropisch?

KHALIFA: Nein: trophisch. Aufbauend. Das ist der Stoffwechsel, der die Zellen mit Nährstoffen versorgt. Aber, noch einmal. Sie erwarten, wenn Sie zu mir oder einem anderen Arzt gehen, doch in erster Linie keine genaue Analyse Ihrer Verletzung …

NEANDERTAL: … sondern?

KHALIFA: Sie wollen sich wieder so bewegen können wie vor Ihrer Verletzung. Oder?

NEANDERTAL: Ja, stimmt. Eigentlich haben Sie Recht. Das ist der Hauptgrund für einen Besuch beim Arzt. Und natürlich soll es möglichst schnell gehen. Schließlich will ich nicht lange krank geschrieben sein.

KHALIFA: Sehen Sie. Nicht das Kreuzband ist im Grunde das Wichtigste, sondern die Funktion des Kreuzbandes. Und deshalb werde ich die wieder herstellen. Die Funktion ist das Wichtigste.

NEANDERTAL: Die Funktion?

KHALIFA: Ja, das Kniegelenk muss funktionieren. Sie müssen es wieder bewegen können.

NEANDERTAL: Okay. Aber wenn ich schon mit Ihnen sprechen kann, hätte ich doch gerne ein bisschen mehr gewusst über das, was Sie machen. Ihre Erfolge klingen, na ja, wie ein Wunder.

KHALIFA: Oh, nein! Jetzt kommt das wieder!

NEANDERTAL: Ist doch logisch. Keiner versteht, wie Sie das machen. Also sind Sie ein Wunderheiler.

KHALIFA: Falsch. Niemand - außer mir - kann erklären, was ich mache. Und deshalb sagen sie, es sei Humbug oder Handauflegen oder was weiß ich.

NEANDERTAL: Und was ist es?

KHALIFA: Sie sind aber hartnäckig.

NEANDERTAL: Immer.

KHALIFA: Also gut. Ich fürchte, ich komme nicht drum herum. Also werde ich doch ein Wunder vollbringen. Schnallen Sie sich an! Wir beamen in die Zukunft, ins Raumschiff Enterprise.

An dieser Stelle zeigt sich, dass Mohamed Khalifa doch nur ein ganz normaler Mensch ist. Er schwindelt nämlich. Für das Wunder ist niemand anderer als der Autor verantwortlich.

16. Der Keilriemen und das System Enterprise

Sternzeit 38752.4. Kommandozentrale des Raumschiffs Enterprise, das in fernen Galaxien neues Leben sucht. An Bord sind unter anderem Captain James T. Kirk, sein Erster Offizier, Mr. Spock vom Planeten Vulkan, und eine Reihe weiterer illustrer Gäste, die erst später auftreten werden.

Herr Neandertal und Mohamed Khalifa betreten die Enterprise.

KIRK: Willkommen an Bord der Enterprise. Nehmen Sie doch bitte Platz!

NEANDERTAL (sieht sich staunend um): Mein Gott, die Enterprise. Es gibt sie wirklich. Und ich habe geglaubt, das sei nur eine berühmte Fernsehserie aus den 70-er und 80-er Jahren.

KIRK: Sehe ich etwa wie eine Fernsehfigur aus?

NEANDERTAL: Nein, nein. (Er sieht sich immer noch staunend um. Plötzlich greift er sich mit der Hand an den Kopf.) Jetzt weiß ich, warum wir hier sind!

KHALIFA: Ja?

NEANDERTAL: Der Bordarzt soll mich behandeln.

KIRK: Pille? Nein, nein. Dr. Mc Coy, den wir alle nur Pille nennen, ist sofort verschwunden, als er gehört hat, dass ein Mediziner aus dem 21. Jahrhundert an Bord kommt.

NEANDERTAL: Warum?

KIRK: Er behauptet, die seien so verbohrt und nur von sich und ihrem Wissen eingenommen, dass sie Neues, noch dazu, wenn es nicht in ihre Gedankenwelt passt, rundweg ablehnten und sogar bekämpften. Mit denen, sagt Pille, will er nichts zu tun haben.

NEANDERTAL: Aber was soll ich dann hier?

KHALIFA: Etwas lernen.

NEANDERTAL: Lernen? Worüber?

KIRK: Na vielleicht über die Enterprise?

NEANDERTAL: Warum eigentlich nicht? Das hat mich schon immer interessiert. Wie groß ist eigentlich das Schiff? Wie viele Menschen sind an Bord? Welche Aufgaben haben sie?

KIRK: Langsam, langsam. Das sind ein bisschen viele Fragen auf einmal. Also das Schiff ist 641 Meter lang, 467 Meter breit und 137 Meter hoch. Es bietet maximal 5000 Menschen Platz. Im Normalfall aber sind nur rund 1000 Mann an Bord. Im Augenblick haben wir 185 Offiziere, knapp 600 Leute gehören zur Crew, der Rest sind Zivilisten.

NEANDERTAL: So viele Besatzungsmitglieder! Da muss doch alles genau auf einander abgestimmt sein, vor allem wenn Sie in gefährliche Situationen kommen.

KIRK: Das ist es auch. Sehen Sie. Das ist ein System, das sich in vielen, vielen Jahren entwickelt hat. Es gab Fehler, sie wurden behoben. Es gab Probleme, sie wurden gelöst. So hat sich das System auf der Enterprise immer weiter entwickelt und verbessert. Es ist gewachsen, nicht, wie das Schiff an sich, gebaut worden.

NEANDERTAL: Und was ist, wenn ein Keilriemen reißt?

KIRK: Keilriemen? Nun, so etwas haben wir schon lange nicht mehr. Aber ich glaube, ich weiß, was Sie meinen. Wenn ein Teil, auch ein wichtiges, kaputt geht. Dann bricht die Enterprise nicht zusammen. Sie ist ja kein Auto wie in Ihrer Zeit; keine Maschine, die still steht, wenn ein wichtiges Teil den Geist aufgibt.

NEANDERTAL: Sondern?

KIRK: Sie ist, wie schon gesagt, ein System. Das bedeutet, sie ist mehrschichtig aufgebaut. Ist eine Schicht gestört, arbeitet die andere dennoch weiter.

NEANDERTAL: Aber die defekte Schicht muss trotzdem repariert werden?

KIRK: Sicher. Aber das ist manchmal schwierig.

NEANDERTAL: Wieso?

KIRK: Weil ein Defekt in einer Schicht zwar die Enterprise nicht lahm legt, aber das komplizierte Zusammenspiel aller Schichten durcheinander bringt. Vielleicht nur ein bisschen. Und vielleicht wird der Defekt erst auffällig, nachdem er sich an einer anderen Stelle zeigt, weil dort durch den Ausgangsdefekt nun auch nicht mehr alles so reibungslos funktioniert, wie es sein soll, und deshalb dort womöglich etwas schwer Wiegendes passiert. Dann beginnt erst einmal eine mühsame Suche.

KHALIFA: Wem sagen Sie das?

KIRK: Sie kennen das auch? Haben Sie auch ein Raumschiff?

KHALIFA: Nein, aber mein Arbeitsgebiet ist das vielleicht schwierigste überhaupt: der Mensch, oder genauer gesagt: das System Mensch.

NEANDERTAL: Der Mensch ist ein System wie die Enterprise?

KHALIFA: Im Grunde ja. Wenn das Untersystem Knie durch einen Kreuzbandriss ausfällt, ist der Mensch ja auch nicht gleich tot. Er funktioniert weiter. Und das Kreuzband wäre wahrscheinlich auch nicht gerissen, wenn das Gesamtsystem nicht zuvor schon in Unordnung gewesen wäre. Und ich muss dann zunächst die Ursache finden für die Unordnung, sie beheben und Schritt für Schritt auch die Folgeschäden.

NEANDERTAL: War bei mir auch schon vor meiner Verletzung nicht alles in Ordnung?

KHALIFA: Sicher nicht. Deshalb kann ich auch nicht nur Ihren Keilriemen auswechseln. Das bringt im Grunde nichts, weil der Ausgangsfehler noch immer besteht und für neue Verletzungen sorgen kann.

KIRK (verwundert): Sie haben einen Keilriemen?

Mr. SPOCK: Faszinierend!

KHALIFA: Nein, das ist nur ein Bild, mit dem ich ihm klar machen wollte, dass eine Verletzung nicht wie ein Autodefekt behandelt werden darf.

Fritjof CAPRA tritt auf: Aber genau das machen eure Mediziner doch!

NEANDERTAL: Wer sind Sie denn?

KIRK: Darf ich vorstellen: Fritjof Capra, Physik-Professor aus den USA, Spezialgebiet Hochenergie- und Teilchenphysik. Er galt in Ihrem

Jahrhundert als einer der führenden Interpreten des wissenschaftlich-ganzheitlichen Denkens. Wurde durch sein Buch Wendezeit bekannt.

CAPRA (schimpft und doziert): Diese Mediziner! Sie betrachten den Menschen wie eine Maschine. Ist ein Teil kaputt, wird es repariert oder einfach ausgewechselt. Dabei hat der Mensch in den Milliarden Jahren der Evolution ein System auf mehreren Ebenen entwickelt, das sich selbst organisiert. Selbst organisiert!

NEANDERTAL: Da war die Enterprise aber schneller.

CAPRA (doziert unbeeindruckt weiter): Die einzelnen Ebenen erneuern sich selbst, denken Sie nur an die Zellteilung. Die Ebenen sind selbständig und doch mit dem Ganzen verbunden. Die Einzelsysteme können sogar etwas ganz anderes machen als das Gesamtsystem, Hauptsache es dient dem Gesamtsystem. Natürlich sind die Einzelsysteme nicht gleichberechtigt.

KIRK: Natürlich nicht. Hier auf der Enterprise ist ja auch die Kommandobrücke das Gehirn des Ganzen.

CAPRA (unwirsch): Unterbrechen Sie mich nicht! Aber Gehirn ist ein gutes Stichwort. Nach dem ersten Jahr des Wachstums werden dort keine Neuronen (Nervenzellen) mehr produziert, doch gehen Formveränderungen während des ganzen weiteren Lebens vor sich. Je nach Veränderung der

Umwelt modelliert sich das Gehirn entsprechend, und wenn es einmal verletzt wird, passt sich das System sehr schnell wieder an. Das Gehirn nutzt sich niemals ab; im Gegenteil, je mehr man es benutzt, umso besser arbeitet es. So funktionieren Systeme. So funktioniert der Mensch, und nicht wie eine Maschine. Auch der Mensch bzw. seine Muskeln, Sehnen, Gelenke, Organe etc. müssen benutzt werden, damit sie funktionieren, damit das Gesamtsystem funktioniert.

KHALIFA: Genau. Die Funktion erhält und gestaltet ein Gelenk. Und sie baut das Gelenk auch wieder auf, wenn es verletzt war.

CAPRA (schaut Khalifa verwundert an, unterbricht seinen Redeschwall aber nicht): Systeme organisieren sich selbst. Und sie erneuern sich selbst und lernen vor allem ständig dazu, sie entwickeln sich weiter, schaffen neue Strukturen. Sie wachsen, sie werden nicht gebaut. Sie sind sehr flexibel und sehr anpassungsfähig. Ein Eskimo hat sich an die Kälte der Polarregion gewöhnt, ein Indio an die Hitze im Regenwald. Beide haben die selben Wurzeln, sind Menschen. Und schließlich haben Systeme die Fähigkeit der Selbsterneuerung. Für den Menschen bedeutet dies die Fähigkeit der Selbstheilung, einer Selbstheilung allerdings, die nicht nur Reparatur ist, sondern sich an den Erfordernissen des Gesamtsystems orientiert. Das tut eine Medizin, die nur Teile repariert, nicht.

KIRK: Es reicht jetzt, Professor. Wir wissen jetzt, wie Systeme arbeiten und dass auch der Mensch ein System und keine Maschine ist. Gehen Sie bitte wieder in Ihre Kabine!

Capra geht ab

KIRK: Er ist manchmal etwas lästig.

NEANDERTAL: Sie sagen es.

Capra taucht noch einmal auf

KIRK: Was ist denn nun schon wieder?

CAPRA: Ich habe etwas Entscheidendes vergessen.

KIRK: Was denn?

CAPRA: Systeme darf man niemals auseinander nehmen. Denn damit zerstört man Eigenschaften des Gesamtsystems. Und genau das machen diese dummen Mediziner. Nehmen ein Teil heraus und ersetzen es durch etwas Künstliches. Ja wie soll da das Gesamtsystem so effektiv bleiben wie zuvor?

KIRK: Jetzt ist es aber wirklich gut, Professor. Lassen Sie uns bitte alleine!

Capra geht erneut ab, schimpft aber unbeirrt weiter.

NEANDERTAL: Redet der immer so viel?

KIRK: Ja, leider. Still ist er nur beim Essen.

NEANDERTAL: Apropos Essen: Ich habe Hunger.

KIRK: Gut, dann gehen wir etwas essen.

17. Scotti und die Reflexe

Kirk, Mr. Spock, Neandertal und Mohamed Khalifa sitzen in der Kantine der Enterprise

NEANDERTAL: Das Essen war großartig.

KIRK: Das freut mich.

NEANDERTAL: Jetzt bin ich zwar satt, aber mein Knie tut mir immer noch weh.

KIRK: Ihr Knie?

NEANDERTAL: Mein Kreuzband ist gerissen.

KIRK: Ach, deshalb laufen Sie so seltsam.

NEANDERTAL: Ich laufe nicht seltsam. Ich laufe so, dass ich mein verletztes Knie möglichst wenig belaste.

KIRK: Ich verstehe. Aber warum gehen Sie nicht zum Arzt?

NEANDERTAL: Ich bin beim Arzt (deutet auf Khalifa). Aber der schleppt mich ja zu Ihnen hier aufs Schiff.

KHALIFA: Sie wollten es ja nicht anders. Immerhin haben Sie schon etwas gelernt.

NEANDERTAL: Gelernt? Ach ja, über Systeme. Aber das hilft meinem Knie auch nicht.

KHALIFA: Das kommt später. Erst wollen wir mal weitermachen. Captain, was passiert, wenn auf dem Raumschiff etwas Wichtiges ausfällt? Ein Computer oder ein Reaktor, nein besser: ein wichtiger Offizier?

KIRK: Ein wichtiger Offizier? Scotti zum Beispiel.

KHALIFA: Scotti?

KIRK: Scotti ist unser Technik-Chef. Ohne ihn fliegt die Maschine nicht.

KHALIFA: Ah ja. Und was passiert, wenn er ausfällt?

KIRK: Ich hoffe, das passiert nie. Aber gut, nehmen wir den Fall einmal an.

KHALIFA: Warten Sie bitte einen Moment, Captain. Herr Neandertal, was passiert Ihrer Meinung nach?

NEANDERTAL: Wie soll ich das wissen? Ich kenne mich auf dem Schiff doch nicht aus.

KHALIFA: Denken Sie an das, was wir über Systeme gesagt haben. Die Enterprise ist ein System.

NEANDERTAL: Systeme, ja. Da war etwas mit mehreren Schichten.

KHALIFA: Genau.

NEANDERTAL (überlegt): Kann es sein, dass nicht allzu viel passiert?

KHALIFA: Ja, richtig. Und warum passiert nicht allzu viel?

NEANDERTAL: Weil ..., weil die Enterprise ein System ist mit mehreren Schichten. Fällt eine aus, ist der Gesamtbetrieb vielleicht eingeschränkt, aber nicht gefährdet.

KHALIFA: Sehr gut, Neandertal. Und was passiert noch?

NEANDERTAL (überlegt erneut): Das System organisiert sich neu und reagiert entsprechend?

KIRK (nimmt den Faden auf): In der Tat. Das hieße in meinem Fall: Ich setze einen Ersatz an Scottis Stelle. Nicht wahr, Herr Khalifa?

KHALIFA: Völlig richtig. Und läuft der Betrieb dann weiter wie zuvor.

KIRK: Im Großen und Ganzen ja.

KHALIFA: Im Großen und Ganzen?

KIRK: Nun ja. Der Ersatzmann wäre auch ein bestens ausgebildeter Offizier. Aber Scotti könnte er nicht vollständig ersetzen.

KHALIFA: Warum?

KIRK: Keiner kennt das Schiff so wie Scotti. Er weiß über jede Kleinigkeit Bescheid, er lebt mit dem Schiff, ja er denkt wie das Schiff.

KHALIFA: Was wäre konkret anders?

KIRK: Bemerkbar machen würde sich das nur in Kleinigkeiten. Wo Scotti mit seinem Team 100 Prozent erreicht, käme der Nachfolger vielleicht auf 95 Prozent oder von mir aus auf 98 Prozent.

KHALIFA: Und bei einem Notfall?

KIRK: Dann könnten die Auswirkungen schlimmer sein.

KHALIFA: Inwiefern?

KIRK: Stellen Sie sich vor, wir werden angegriffen. Es gibt Schäden, wir müssen dennoch weiter in vollem Umfang einsatzfähig sein. Da reagiert Scotti automatisch. Er kennt jede Möglichkeit, jeden Trick, jeden Kniff, so dass er fast unbewusst entscheidet. Sein Nachfolger würde womöglich auch alle Probleme lösen, müsste aber erst nachdenken und verlöre Zeit. Vielleicht entscheidende Zeit.

KHALIFA: Weil er nicht so verwachsen ist mit dem System, nicht so denkt wie das System?

KIRK: Richtig.

KHALIFA: Übertragen wir das mal auf Sie, Neandertal.

NEANDERTAL: Auf mich?

KHALIFA: Genau. Sie sind die Enterprise. Scotti ist Ihr Kreuzband.

Mr. SPOCK: Faszinierend!

NEANDERTAL: Blödsinn.

KHALIFA: Nein, durchaus nicht. Sie, das haben Sie doch bereits gelernt, sind ein System wie die Enterprise.

NEANDERTAL: Okay. Aber in meinem Knie soll ein Maschinist hocken?

KHALIFA: Bildhaft gesprochen. Ihr Kreuzband sorgt für reibungslosen Bewegungsablauf wie Scotti auf der Enterprise.

NEANDERTAL: Also gut, von mir aus.

KHALIFA: Muss Scotti ersetzt werden, fallen die unbewussten Reflexe der Enterprise aus und werden durch bedingte Reflexe ersetzt.

NEANDERTAL: Die Enterprise hat Reflexe?

KHALIFA: Bildhaft gesprochen. Sie, Neandertal, haben auf jeden Fall Reflexe (Er wirft Neandertal unvermittelt einen Apfel zu. Der fängt ihn blitzschnell auf.)

KIRK: Gut reagiert.

NEANDERTAL: Danke. Gelernt ist gelernt. Ich war mal Fußballtorwart.

KHALIFA: Haben Sie einen Moment darüber nachgedacht, was Sie machen wollten, als der Apfel angeflogen kam?

NEANDERTAL: Nein. Das ging automatisch. Das war ein ...(er stockt)

KHALIFA: ...Reflex. Ihr Reflexapparat hat völlig eigenständig funktioniert. Hätten Sie erst überlegen müssen, hätten Sie den Apfel nie gefangen. Man nennt das einen unbedingten Reflex.

NEANDERTAL: Unbedingt? Automatisch sozusagen?

KHALIFA: Sozusagen. (Er tut so, als wolle er Neandertal gegen das verletzte Knie schlagen. Neandertal wehrt den Angriff mit der Hand ab).

NEANDERTAL: Was soll das?

KHALIFA: Wenn Ihr Knie in Ordnung wäre, hätten Sie es wahrscheinlich blitzschnell zur Seite gezogen; durch einen unbedingten Reflex, ohne nachzudenken.

NEANDERTAL: Wahrscheinlich.

KHALIFA: Jetzt haben Sie die Hand zur Hilfe genommen. Auch ohne nachzudenken. Ihr Körper wusste, dass Sie das verletzte Knie nicht schnell genug wegbewegen können und hat automatisch auf einen anderen, ebenfalls unbedingten Reflex zurückgegriffen.

NEANDERTAL: Okay. Aber was wollen Sie mir damit sagen?

KHALIFA: Dass das Knie, weil es verletzt ist, nicht mehr automatisch reagieren kann. Seine unbedingten Reflexe sind gestört.

NEANDERTAL: Solange ich meine Hände noch zum Abwehren haben, stört mich das nicht.

KHALIFA: Wirklich? Sie können nicht immer Ihre Hände in Hab-Acht-Stellung halten. Und wenn Sie wieder Sport treiben wollen, brauchen sie auf jeden Fall wieder die unbedingten Reflexe Ihres Knies.

NEANDERTAL: Was heißt eigentlich: unbedingter Reflex?

KHALIFA: Ein unbedingter Reflex läuft nicht über das Gehirn, sondern über das Rückenmark. Sie müssen nicht erst nachdenken, und seien es auch nur Sekundenbruchteile, um den Reflex auszulösen.

NEANDERTAL: Dann ist so ein unbedingter Reflex eigentlich viel praktischer als . . . , wie heißt der übers Gehirn?

KHALIFA: Den nennt man bedingten Reflex.

NEANDERTAL: Also so ein unbedingter Reflex ist viel besser, weil ich mit ihm automatisch reagiere, ohne nachzudenken.

KHALIFA: Genau. Und das geschieht übers Rückenmark.

NEANDERTAL: Okay. Aber ich versteh immer noch nicht so recht, auf was Sie hinaus wollen.

KHALIFA: Auf Scotti oder wie haben Sie vorhin gesagt: auf den Maschinisten in Ihrem Knie.

NEANDERTAL: Ich habe keinen Maschinisten im Knie.

KHALIFA: Aber ein Kreuzband. Und das fällt aus wie Scotti in unserem Beispiel. Wissen Sie noch, was auf der Enterprise passiert, wenn Scotti ausfällt?

NEANDERTAL: Scotti wird durch einen anderen Offizier ersetzt.

KHALIFA: Richtig. Der Offizier macht seine Sache sehr gut, aber eben nicht so gut wie Scotti. Scotti arbeitet nämlich wie ein unbedingter Reflex, sein Ersatzmann arbeitet wie ein bedingter Reflex.

NEANDERTAL: Und wer ist der Ersatzmann in meinem Knie?

KHALIFA: Die Kreuzbandplastik, die ein Chirurg Ihnen bei der Operation einsetzt.

NEANDERTAL: Und mit der habe ich keine unbedingten Reflexe?

KHALIFA: Nein. Die Reflexe müssen mit dem Fremdkörper erst neu gelernt werden. Und das werden sie übers Gehirn. Es sind also bedingte Reflexe.

NEANDERTAL: Und die funktionieren, wenn ich Sie vorhin richtig verstanden habe, nicht so wie die unbedingten Reflexe.

KHALIFA: Genau. Das können sie genauso wenig, wie der Ersatzoffizier Scotti 100-prozentig ersetzen kann.

NEANDERTAL: Aber der Offizier kann sich doch einarbeiten und ich kann üben, üben, üben.

KHALIFA: Richtig. Und genau das tun Sie ja, wenn Sie zum Krankengymnasten gehen. Aber wissen Sie auch, was dabei geschieht?

NEANDERTAL: Keine Ahnung. Sagen Sie's mir!

KHALIFA: Die vom Gehirn gesteuerten bedingten Reflexe werden perfektioniert, aber aus ihnen werden keine unbedingten Reflexe und sie werden auch nie an die Qualität der unbedingten Reflexe heranreichen. Denn die unbedingten Reflexe gehören ja seit der Geburt zu ihrem Körper, sind mit ihm gewachsen.

KIRK: Und deshalb kann auch mein Ersatzoffizier - wenn ich Sie richtig verstanden habe, Herr Khalifa - Scotti nie ganz ersetzen, so sehr er auch lernt, so sehr er sich auch hineinkniet. Scotti hat schließlich die Maschine entwickelt, er lebt mit ihr.

KHALIFA: Genau.

NEANDERTAL: Mhh. Das mag ja alles sein. Aber wenn ich wieder völlig fit bin, wenn ich geheilt bin, dann funktioniert doch wieder alles ganz normal. So wie früher. Dann stimmen die Reflexe doch wieder. Oder nicht?

KHALIFA: Wenn die Verletzung geheilt ist, ja. Nicht aber, wenn sie nur repariert wird, wenn lediglich ein kaputtes Teil ersetzt wird.

NEANDERTAL: Ich will aber geheilt werden und ich will meine Superreflexe wieder haben, diese unbedingten Reflexe.

KHALIFA: Die können Sie auch bekommen. Denken Sie noch einmal kurz nach!

NEANDERTAL: Bei Ihnen muss man ganz schön viel denken.

KHALIFA: Sie wollten doch etwas wissen. Also, strengen Sie sich an! Bleiben wir bei unserem Beispiel mit der Enterprise. Wann würde denn hier wieder alles reibungslos funktionieren?

NEANDERTAL: Na wenn Scotti wieder seine Arbeit aufnimmt.

KHALIFA: Richtig.

KIRK: Dann läuft wieder alles wie vorher, weil Scotti wie die Maschine und all seine Mitarbeiter denkt. Und ich kann meiner Mannschaft sagen: Jungs, es ist alles wieder wie früher.

KHALIFA: Und das hieße im Fall Kreuzband, dass ebenfalls die natürlichen Strukturen wieder hergestellt werden, ein Kreuzband, das Zelle für Zelle mit dem umgebenden Gewebe vertraut ist. Und ich sage dem verletzten Gelenk: Achtung, es läuft wieder wie zuvor.

NEANDERTAL: Sie sagen es ihm?

Mr. SPOCK: Faszinierend!

KHALIFA: Bildhaft gesprochen. Ich stelle die alten Reflexbahnen wieder her.

NEANDERTAL: Ein Chirurg macht das nicht?

KHALIFA: Nein, er näht zusammen oder setzt etwas Neues ein und schickt Sie dann zur Physiotherapie. Und was dort geschieht, haben wir ja gerade besprochen.

NEANDERTAL: Dort werden nur die bedingten Reflexe geschult und verbessert.

KHALIFA: Genau.

NEANDERTAL: Okay, ich glaube das habe ich jetzt verstanden. (Er überlegt). Gibt es eigentlich auch eine Möglichkeit, dass alles von selbst wieder wie früher wird?

KHALIFA: Unter bestimmten Bedingungen. Aber darüber reden wir später.

NEANDERTAL (leicht aufbrausend): Später, später! Wenn Sie mir etwas beibringen wollen, muss ich zuhören. Wenn ich etwas von Ihnen wissen will, heißt es später. Ich will das jetzt wissen. Außerdem weiß ich immer noch nicht, wie Sie an das Ding in mir rankommen, ohne es zu berühren.

KHALIFA: Geduld, Geduld.

KIRK: Meine Herren, ich störe Sie ungern. Aber ich muss wieder zurück auf die Brücke. Wollen Sie mich begleiten?

KHALIFA und NEANDERTAL: Aber natürlich.

18. Das brennende Haus

Kirk, Khalifa und Neandertal betreten wieder die Brücke. Kirk bekommt von seinem 1. Offizier, Mr. Spock, Informationen.

KIRK: Was? Acht Mann?

Mr. SPOCK: Ja. Dr. Mc Coy kümmert sich bereits darum.

NEANDERTAL: Was ist passiert? Etwas Schlimmes?

KIRK: Nein, nichts Dramatisches. Und doch beeinträchtigt es die Arbeit auf der Enterprise ein wenig.

NEANDERTAL: Und was ist nun genau geschehen?

KIRK: Auf Station vier haben gleich acht meiner Männer unerklärlich hohes Fieber bekommen und liegen auf der Krankenstation.

NEANDERTAL: Acht Offiziere?

KIRK: Nein, keine Offiziere. Normale Mannschaftsdienstgrade. Dennoch ist jeder Einzelne natürlich wichtig, besonders wenn wie in unserem Fall zwei komplette Schichten ausfallen und ich Leute aus einer anderen Abteilung einteilen muss.

NEANDERTAL: Aber es ist nicht so entscheidend, wie wenn Mr. Scott ausfallen würde? Oder?

KIRK: Sicher nicht. Es gibt eine klare Hierarchie. Manche, also in erster Linie die Offiziere, sind wichtiger für den Arbeitsablauf als andere Crew-Mitglieder.

KHALIFA: Das ist wie im menschlichen Körper auch.

NEANDERTAL: Jetzt kommen Sie wieder mit Ihrem Vergleich Körper - Enterprise.

KHALIFA: Genau.

NEANDERTAL: Wie soll das denn diesmal wieder gehen? Wenn Scotti das wichtige Kreuzband ist, was sind dann die acht Männer von Station ... welche war es nochmal?

KIRK: Station vier.

KHALIFA: Das sind einzelne Körperzellen.

NEANDERTAL: Ach, kommen Sie! Die Männer sind doch wohl wichtiger als die paar Zellen.

KHALIFA: Menschen sind immer wichtiger. Aber das Prinzip ist das Gleiche.

NEANDERTAL: Wieso?

KHALIFA: Die acht Männer fehlen mit ihrem Wissen bei der Arbeit. Richtig, Captain?

KIRK: Richtig.

KHALIFA: Sie wissen nicht so viel wie Scotti, aber in ihrem kleinen Bereich wissen auch sie viel. Und das Wissen fällt aus, wenn sie auf der Krankenstation liegen oder womöglich gar nicht mehr zurückkommen.

NEANDERTAL: Aber Körperzellen wissen doch nichts!

KHALIFA: Da täuschen Sie sich aber. In jeder einzelnen Zelle ist sogar unser gesamtes Erbgut gespeichert.

NEANDERTAL: Ja, ja. Das hab ich schon gehört.

KHALIFA: Und auch sonst gehört die Zelle mit ihrem Wissen an genau jenen Ort, an dem sie ihre Arbeit verrichtet. Und es gibt innerhalb der 600 Billionen Zellen eine Hierarchie wie auf der Enterprise auch.

NEANDERTAL: Bei den Zellen? Offiziere und Soldaten?

KHALIFA: So ähnlich. Auf diese Hierarchie muss auch bei der Heilung geachtet werden. Es darf nicht der dritte vor dem zweiten Schritt gemacht werden.

NEANDERTAL: Das hab ich ja noch nie gehört. Und ich lese alles über Medizin, was ich irgendwo in Zeitschriften finden kann.

KHALIFA: Das können Sie auch nirgends gelesen haben.

NEANDERTAL: Wieso?

KHALIFA: Das hat vor mir noch keiner entdeckt.

NEANDERTAL: Ah ja.

KHALIFA: Bleiben wir bei den Zellen. Dass bei Operationen Zellen zerstört werden, ist auch deshalb so schlimm, weil sie oft zerstört bleiben.

NEANDERTAL: Aber jeden Tag sterben doch Zellen ab und werden durch neue ersetzt.

KHALIFA: Das ist aber ein natürlicher Prozess, die neuen Zellen haben das gleiche Wissen.

NEANDERTAL: Und es kommt wirklich auf eine Zelle an?

KHALIFA: Stellen Sie sich ein brennendes Haus vor. Um es zu retten, haben die Menschen eine Kette gebildet, um Wassereimer weiterzureichen. Nun fällt ein Mann aus, weil er aus Erschöpfung den Wassereimer auf seinen Fuß fallen ließ und der Fuß nun gebrochen ist. Für die anderen wird es jetzt viel schwieriger, den Eimer weiterzugeben, ja vielleicht sogar unmöglich.

NEANDERTAL: Sie tun gerade so, als ob die Zellen zusammenarbeiten oder miteinander reden würden.

KHALIFA: So ist es.

Mr. SPOCK: Faszinierend!

KHALIFA: Jeder einzelne Mann ist für die Gesamtheit der Kette wichtig, genauso jede einzelne Zelle für den gesamten Organismus.

NEANDERTAL: Ich versteh's trotzdem noch nicht.

KHALIFA: Bleiben wir bei der Menschenkette mit den Wassereimern.

NEANDERTAL: Von mir aus.

KHALIFA: Die Kette ist wie ein Reflexbogen, also der Bogen, der die Impulse unserer Reflexe weitergibt.

NEANDERTAL: Sozusagen wie bei Dominosteinen, die nacheinander umfallen, wenn das erste Steinchen angestoßen wird.

KHALIFA: So ähnlich. Wenn nun diese Kette einer unserer Reflexe ist, ein unbedingter Reflex, dann wäre der verletzte Mann in unserem Reflex das Resultat einer Überbeanspruchung und eines Schutzmechanismus', der ins solchen Fällen greift.

NEANDERTAL: Wie sieht der aus?

KHALIFA: Der Mann war erschöpft, der Wassereimer verletzt ihm den Fuß, er fällt aus und wird nun beispielsweise durch zwei andere, schwächere Männer ersetzt.

NEANDERTAL: Das wäre dann ein bedingter Reflex?

KHALIFA: Sehr gut, Neandertal. Sie passen ja tatsächlich auf. Die zwei wären die Umleitung, die nicht so gut ist wie der normale Weg.

NEANDERTAL: Aber der normale Weg hat doch in diesem Fall auch versagt.

KHALIFA: Sie haben Recht. Hier war schon vorher eine Unordnung im System, nämlich die Erschöpfung. Aber bleiben wir bei den Folgen.

NEANDERTAL: Okay, die zwei machen's nicht so gut wie der starke, eingearbeitete Mann.

KHALIFA: Stimmt. Jeder Mann in der Kette hat das Wissen, die Erfahrung, wie in der Kette mit den Wassereimern gearbeitet werden muss. Jeder Handgriff sitzt. Die zwei Ersatzleute machen Kleinigkeiten anders und stören dadurch den Ablauf. Und sei es auch nur geringfügig: es wirkt sich aus.

NEANDERTAL: Aber die Nebenmänner können den Neuen doch Tipps geben.

KHALIFA: Richtig! Aber eben nicht die optimalen Tipps des Mannes, der ausgefallen ist. Nur er kennt seinen Standort ganz genau, ob er rutschig oder sicher ist, hoch oder tief liegt, eben oder abschüssig ist.

NEANDERTAL: Logisch.

KHALIFA: Dann sollte doch auch logisch sein, dass die Kette nicht mehr optimal arbeiten kann, wenn auch nur ein Teil ausfällt?

NEANDERTAL (nickt)

KHALIFA: Genauso stimmen die Reflexe nicht mehr, der Körper stellt von unbedingten auf bedingte Reflexe um, wenn eine Störung vorliegt. Und was ist das Ende vom Lied in unserer Eimerkette?

NEANDERTAL: Das Haus brennt ab?

KHALIFA: Oder brennt zumindest weiter ab, als es nötig gewesen wäre. Und im Falle Körper hieße das?

NEANDERTAL: Keine Ahnung.

KHALIFA: Jetzt enttäuschen Sie mich aber. Captain?

KIRK: Ich denke, es kommt zu einer Verletzung.

KHALIFA: Genau. Und das nur, weil ein einzelner Mann ausgefallen ist, beziehungsweise eine einzelne Zelle.

NEANDERTAL: Puh, mir raucht der Kopf.

KHALIFA: Noch eine Kleinigkeit.

NEANDERTAL: Von mir aus.

KHALIFA: Was macht der Arzt im Falle einer Verletzung, beispielsweise bei einem Kreuzbandriss?

NEANDERTAL: Er setzt ein Neues ein.

KHALIFA: Genau. Die Störung aber im Reflexapparat besteht weiter. Der Arzt baut ein neues Haus, damit der Besitzer wieder einziehen kann, aber beim ersten Feuerchen brennt womöglich wieder alles ab, weil in der Menschenkette mit Wassereimern der Mann mit dem gebrochenen Fuß immer noch nicht wieder einsatzbereit ist.

NEANDERTAL: Also kommt es bald wieder zu einer Verletzung?

KHALIFA: Genau. Die kann aber letztlich ganz anders aussehen oder an einer anderen Stelle auftreten. Vielleicht brennt nicht das Haus ab, dafür ein Teil der Scheune. Die Kette mit Wassereimern muss funktionieren, genauso die Reflexe. Denn die Menschenkette kann ja genauso gut beim Aufbau des Hauses Steine anliefern.

NEANDERTAL: Was soll das nun wieder heißen?

KHALIFA: Das soll heißen, dass die Reflexe, die Zusammenarbeit aller einzelnen Zellen, auch Voraussetzung für eine vollständige Heilung sind.

NEANDERTAL: Die Reflexe sind auch wichtig für die Heilung?

KHALIFA: Genau.

NEANDERTAL: Okay. Aber mir reicht's jetzt. Ich brauch wirklich ein Pause. Ich mach ein Mittagsschläfchen. Es tut mir Leid.

KIRK: Das halte ich auch für besser. Einer meiner Männer wird Sie in Ihre Kabine bringen.

19. Kirschkern und Eiffeltum

Die Welt der Atome

Neandertal und Khalifa haben ihren Mittagsschlaf beendet. Sie werden von Kirk in den Forschungsbereich des Schiffs gerufen.

KIRK: Kommen Sie, kommen Sie. Ich möchte Ihnen zeigen, dass wir hier nicht nur durchs Weltall fliegen, sondern auch wissenschaftliche Forschung betreiben.

NEANDERTAL: Interessant. Was machen Sie denn konkret?

KIRK: Das darf ich Ihnen leider im Detail nicht alles verraten. Geheim, Sie verstehen?

NEANDERTAL: Schade. Aber was ist denn das da auf dem Computerbildschirm? Eine Zelle?

KIRK: Nein. Viel kleiner. Das ist ein Kohlenstoff-Atom.

NEANDERTAL: So sieht ein Atom aus?

KIRK: Ja. Sie sehen hier den Atomkern und darum herum sausen die sechs Elektronen.

NEANDERTAL: Da ist ja alles in Bewegung!

KIRK: Das ist in jedem Atom so.

NEANDERTAL: Quatsch! Ich bestehe doch auch aus Atomen. Wie soll da alles so herum schwirren?

KIRK: Das ist bei Ihnen nicht viel anders. Atome sind nichts Festes. Alles ist mehr oder weniger stark in Bewegung.

NEANDERTAL: Wie? Was?

KHALIFA: Sie sind jetzt verwirrt, weil Sie sich mit Atomen nicht sonderlich gut auskennen. Und das ist ja auch völlig normal. Wer beschäftigt sich schon damit?

NEANDERTAL: Sie etwa?

KHALIFA: Atome gehören zum Kern meiner Arbeit.

NEANDERTAL: Das verstehe ich nicht.

KHALIFA: Sie wollten doch wissen, wie ich an beispielsweise ein Kreuzband herankomme, ohne es zu berühren.

NEANDERTAL: Genau. Sagen Sie bloß, das hat was mit den Atomen zu tun?

Werner Heisenberg tritt auf

HEISENBERG: Atome, das ist mein Gebiet.

NEANDERTAL: Wer sind Sie denn?

KIRK: Das ist Professor Werner Heisenberg. Er hat mit seinen Physiker-Kollegen Niels Bohr und Max Planck die Grundlagen für die damals, Anfang des 20. Jahrhunderts, neue Physik gelegt.

NEANDERTAL: Neue Physik?

HEISENBERG: Ja. Wir haben damals gedacht, es zieht uns den Boden unter den Füßen weg. Aber wir mussten schließlich anerkennen, was wir entdeckt und in allen Versuchen immer wieder bestätigt gefunden haben.

NEANDERTAL: Was denn?

HEISENBERG: Dass die bisherige, für alle so normale Physik im atomaren Bereich nicht gilt.

NEANDERTAL: Nicht?

HEISENBERG: Teilchen und ganze Atome sind gleichzeitig auch elektromagnetische Wellen.

NEANDERTAL: Was?

HEISENBERG: Ja. Sie schauen so ungläubig wie wir damals. Aber es gibt daran nichts zu deuteln. Auf subatomarer Ebene existiert Materie nicht mit Sicherheit an bestimmten Orten, sondern zeigt vielmehr die Tendenzen zu existieren.

NEANDERTAL: Ähh?

KIRK: Was Professor Heisenberg sagen will, ist, dass im atomaren Bereich nichts sicher angegeben werden kann, sondern nur in Wahrscheinlichkeiten. Das hat er selbst in seiner Unschärferelation beschrieben.

NEANDERTAL: Ich versteh's immer noch nicht.

KIRK: Professor, ich glaube Sie gehen jetzt besser. Sie bringen unseren Gast nur durcheinander.

HEISENBERG: Also gut. Dann gehe ich wieder mit den Kollegen Bohr und Planck Karten spielen.

KIRK: Tun Sie das. Und sagen Sie den beiden Grüße, Herr Professor.

Professor Heisenberg tritt ab.

NEANDERTAL: Was bedeutet das alles? Ich versteh nur Bahnhof.

KHALIFA: Das bedeutet, dass in den Atomen alles anders ist, als wir es aus unserer Alltagswelt kennen. Dass hier Dinge geschehen - und wissenschaftlich nachgewiesen und begründet werden können, die wir aus unsere Alltagssicht als Hokuspokus abtun würden.

NEANDERTAL: Hokuspokus! Ha! Das wird über Ihre Arbeit doch auch immer gesagt, Herr Khalifa. Aber selbst schuld. Das ist ja kein Wunder, wenn die Atome der Kern Ihrer Arbeit sind.

KHALIFA: Da haben Sie vielleicht Recht.

NEANDERTAL: Vielleicht? Bestimmt! Den anderen geht es doch wie mir: Mir ist das alles viel zu hoch.

KHALIFA: Ich versuche, es zu erklären. Sie müssen sich erst einmal ein Atom vorstellen.

NEANDERTAL: So wie vorhin das Ding auf dem Computerbildschirm?

KHALIFA: Ja, das Kohlenstoff-Atom.

NEANDERTAL: Okay.

KHALIFA: Im Atom ist ein Kern. Der ist positiv geladen. Und in der Hülle fliegen auf festgelegten Bahnen Elektronen, negativ geladen, um den Kern herum. Beim Kohlenstoff-Atom sind das sechs positive Teilchen im Kern, Protonen genannt, und sechs negativ geladene Teilchen, Elektronen, in der Hülle.

NEANDERTAL: Halt! Negativ und positiv ziehen sich doch an, wie bei einem Magneten. Die Elektronen müssten deshalb in den Kern stürzen.

KHALIFA: Eigentlich ja. Aber das ist eines der Dinge, die im Mikrokosmos eben anders sind.

NEANDERTAL: Die Atome sind aber doch so winzig klein und die Elektronen sind so nahe am Kern.

KHALIFA: Das täuscht. Der Kern ist im Vergleich zur Hülle winzig klein.

NEANDERTAL: Klein? Wie klein?

KHALIFA: Wenn der Kern zum Beispiel so groß wie ein Kirschkern wäre, hätte die Hülle einen

Durchmesser von 300 Metern. Da könnten Sie den Eiffelturm reinstellen.

NEANDERTAL: Wow!

KHALIFA: Bleiben wir bei den Elektronen. Die können von Bahn zu Bahn springen (das nennt man im Übrigen einen Quantensprung), nehmen dabei Energie auf oder geben sie ab; das Ganze fast in Lichtgeschwindigkeit. Lichtgeschwindigkeit. Das sollten Sie sich merken. Darauf kommen wir später noch einmal zurück. Und wenn die Elektronen ganz viel Energie haben, können sie auch das Atom verlassen und zu einem anderen überspringen.

NEANDERTAL: Wechseln? Quasi von einem Auto ins nächste umsteigen?

KHALIFA: Ja. Sie merken das beispielsweise dann, wenn Sie eine Eisenstange in der Hand halten und am anderen Ende wird Strom, also nichts anderes als ein Überschuss an Elektronen, geladen. Die freien Elektronen in leitendem Material wie Eisen springen blitzschnell - wie gesagt, fast in Lichtgeschwindigkeit - von Atom zu Atom und ruckzuck an Ihr Ende der Stange.

NEANDERTAL: Ja, das kenne ich gut. (Er schüttelt sich.)

KHALIFA: Auf genau die gleiche Weise funktioniert auch die Reizübermittlung im Körper, vom Befehl im Gehirn oder Rückenmark bis zur

Ausführung, beispielsweise Arm heben oder mit dem Fuß gegen den Ball treten.

NEANDERTAL: Über Strom?

KHALIFA: Über elektromagnetische Wellen. Stellen Sie sich die Kette mit den Wassereimern vor. Der Eimer wird auch wie in einer Wellenbewegung weitergegeben.

NEANDERTAL: Von Mann zu Mann und im Körper entsprechend von Zelle zu Zelle?

KHALIFA: Ja. Und von Atom zu Atom im noch kleineren Bereich.

NEANDERTAL: Ah ja.

KHALIFA: Solche Wellen sind beispielsweise auch Strom oder sie treten als Musik aus dem Radio auf oder äußern sich als Farbe. Je nach Wellenlänge. Und sie sind Elektronen im Atom. Übrigens gleichzeitig auch Teilchen, wie Herr Heisenberg vorhin gesagt hat.

NEANDERTAL: Hat er gesagt, stimmt. Aber geheuer ist mir das mit den Wellen noch nicht. Musik, Farbe, Strom. Ich halt mich lieber an das, was ich sehen oder anfassen kann.

KHALIFA: Haben Sie ein Handy?

NEANDERTAL: Ja.

KHALIFA: Aber Sie wundern sich nicht darüber, dass Ihre Worte ohne Leitung zum Gesprächspartner gelangen?

NEANDERTAL: Jetzt wo Sie's sagen. Irgendwie eben durch die Luft.

KHALIFA: Und durch Mauern in Häuser. Das alles geschieht auch über elektromagnetische Wellen.

NEANDERTAL: Das sind ja phänomenale Dinger, diese elektromagnetische Wellen.

KHALIFA: So kann man das auch sagen. Sie lösen nämlich auch Heilungsprozesse aus.

NEANDERTAL: Heilungsprozesse? Heilung durch Handy, oder wie?

KHALIFA: Bleiben Sie bitte ernst!

NEANDERTAL: Okay.

KHALIFA: Sind Sie schon mal bestrahlt worden?

NEANDERTAL: Ja. Schon oft.

KHALIFA: Hat's geholfen?

NEANDERTAL: Ja.

KHALIFA: Und was glauben Sie, sind die Strahlen?

NEANDERTAL: Elektromagnetische Wellen?

KHALIFA: Genau. Und was haben die Wellen gemacht?

NEANDERTAL: Ähh, mir geholfen?

KHALIFA: Richtig, sie haben von außen einen Heilungsprozess im Innern des Körpers ausgelöst.

NEANDERTAL: Stimmt. So hab ich das noch gar nicht gesehen.

KHALIFA: Genauso gibt es auch Auslöser im Innern des Körpers.

NEANDERTAL: Welche?

KHALIFA: Zum Beispiel bei einem Knochenbruch. Falls die Knochen nicht verschoben sind, gipst der Arzt den Knochen ja nur ein. Den Rest erledigt der Körper selbst.

NEANDERTAL nickt.

KHALIFA: Aber was geht im Körper dabei vor?

NEANDERTAL: Keine Ahnung.

KHALIFA: Die Zellen an den Enden der Bruchstellen werden zurückverwandelt in ganz junge, sozusagen Babyzellen. Die haben dann wieder alle Kraft zum Neuwachstum, zum Zusammenwachsen. Und was denken Sie, löst diese Zurückverwandlung aus?

NEANDERTAL: Elektromagnetische Wellen?

KHALIFA: Genau!

NEANDERTAL: Toll! Da wär's doch prima, wenn wir das auch von außen steuern könnten. Wenn quasi auf dem Körper Druckknöpfe wären, auf denen wir jedes Signal, das wir gerade brauchen, auslösen könnten.

KHALIFA: Was heißt hier, es wäre ...?

NEANDERTAL: Wieso? Können wir das etwa?

KHALIFA: Na ja, Sie nicht. Und ich glaube, auch sonst niemand.

NEANDERTAL: Aber, aber Sie?

KHALIFA nickt.

NEANDERTAL: Und deshalb können Sie von außen heilen, weil Sie die Prozesse im Innern von außen auslösen durch, ja durch was eigentlich?

KHALIFA: Sie haben es eigentlich schon gesagt: durch Druck.

NEANDERTAL: Druck? Ach ja, die Leute sagen ja immer, die Behandlung bei Ihnen tut sauweh.

KHALIFA: Tut sie das?

NEANDERTAL: Aber natürlich. Aber, was lösen Sie durch den Druck eigentlich genau aus?

KIRK (mischt sich ein): Wenn ich das richtig verstanden habe, werden die Austauschprozesse zwischen den Atomen, zwischen den Zellen angeregt.

NEANDERTAL: Ah ja. Und wenn dazwischen eine Zelle fehlt - oder übersprungen wird wie bei der Eimerkette -, dann klappt es nicht.

KHALIFA nickt

NEANDERTAL: Und woher wissen Sie, wo Sie drücken müssen?

KHALIFA: Ich habe 30 Jahre geforscht.

NEANDERTAL: Ganz schön lange. Apropos lange.

KHALIFA: Ja?

NEANDERTAL: Die Heilung dauert bei Ihnen doch nicht lange, sondern geht blitzschnell. Also ich kann ja jetzt besser nachvollziehen, was Sie machen. Aber warum das so schnell geht, ist mir immer noch ein Rätsel. Das ist wie ... wie ... wie ...

KHALIFA: Sagen Sie ja nicht Wunder!

NEANDERTAL: Nein, ich suche ja nach einem anderen Wort.

KIRK: Vielleicht kann ich Ihnen helfen.

NEANDERTAL: Sie?

KIRK: Sie haben ein Problem mit der Zeit.

NEANDERTAL: Weil ich's eilig habe?

KIRK: Nein. Aber ich habe in Geschichtsbüchern gelesen, dass man bei Ihnen früher dachte, zumindest die meisten dachten das, die Zeit sei überall gleich.

NEANDERTAL: Ja ist sie das denn nicht?

KIRK (lacht): Oh nein!

Einstein tritt auf

EINSTEIN: Zeit ist Privatsache.

NEANDERTAL: Wer ist denn das nun schon wieder? Oh, warten Sie. Ich kenne Sie.

EINSTEIN: Gestatten: Albert Einstein.

NEANDERTAL: Richtig. Sie sind (er kichert) relativ bekannt.

EINSTEIN: Wegen meiner Relativitätstheorie?

NEANDERTAL: Richtig.

KIRK: Und wegen der ist auch die Zeit relativ oder - so kann man's auch ausdrücken - Privatsache.

NEANDERTAL: Ich muss doch jetzt hoffentlich nicht auch noch die Relativitätstheorie lernen?!

KHALIFA: Ich fürchte, Sie kommen nicht drum herum.

NEANDERTAL: Oh Gott!

KIRK: Keine Bange, Sie müssen ja nicht alles kapieren. Aber ich schlage vor, wir ziehen uns dazu in meine Kabine zurück. Dort ist es bequemer und die Getränkebar ist gut gefüllt.

NEANDERTAL, KHALIFA und EINSTEIN: Einverstanden.

20. Die Sache mit der Zeit

Kirk, Khalifa, Einstein und Neandertal haben es sich in der Kabine des Captains gemütlich gemacht.

KIRK: So, ich glaube, in dieser Umgebung können wir besser über so etwas Kompliziertes wie die Relativitätstheorie sprechen.

NEANDERTAL: Ich kapier das wahrscheinlich auch auf dem bequemen Sofa nicht.

EINSTEIN: Warten Sie's ab. Sie müssen ja nicht jedes Detail verstehen. Und ich versuche auch, es so leicht wie nur möglich zu erklären.

NEANDERTAL: Okay.

EINSTEIN: Wie groß sind Sie?

NEANDERTAL: 1,80 Meter.

EINSTEIN: Das ist groß.

NEANDERTAL: Nein, mein Schwager ist viel größer. 1,98 m.

EINSTEIN: Aber ich bin kleiner als Sie. Also erscheinen Sie mir groß.

NEANDERTAL: Ja, das kommt eben auf den Standpunkt an. Jeder sieht's aus seiner Sicht.

EINSTEIN: Da haben Sie völlig Recht.

NEANDERTAL (stutzt): Wollen Sie mir sagen: Größe ist relativ, je nach Standpunkt?

EINSTEIN: Richtig. Gut mitgedacht. Sehen Sie. Ihre Befürchtung, nichts zu verstehen, ist vollkommen unbegründet. Der erste Schritt ist bereits gemacht. Machen wir weiter. Sind Sie schon einmal an einem lauen Sommerabend spazieren gegangen?

NEANDERTAL: Klar.

EINSTEIN: Gut. Stellen Sie sich den Sternenhimmel vor. Es beruhigt Sie, die Sterne am Himmel stehen zu sehen.

NEANDERTAL (träumerisch): Ja, bestimmt. Das kann ich mir gut vorstellen.

EINSTEIN: Jetzt kommen einige Jugendliche und brausen auf ihren Motorrädern an Ihnen vorbei.

NEANDERTAL (wieder ernüchtert): Das kann ich mir leider auch nur allzu gut vorstellen.

EINSTEIN: Sie denken jetzt: Warum müssen die so rasen? Gerade jetzt, wo ich die Sterne betrachte, die so ruhig am Himmel stehen?

NEANDERTAL: Ja, das würde ich wohl denken.

EINSTEIN: Das würden sicher viele tun, dabei ist das großer Blödsinn.

NEANDERTAL: Wieso?

EINSTEIN: Wie schnell fahren wohl die Motorräder?

NEANDERTAL: Na, 70 oder 80 Stundenkilometer.

EINSTEIN: Und Sie sehen das als schnell an?

NEANDERTAL: Ja.

EINSTEIN: Im Vergleich zu den Sternen aber, die für Sie so beruhigend wirken, ist das lächerlich langsam. Die Sterne sausen nämlich mit mehreren 100000 km/h durchs All.

NEANDERTAL reißt staunend den Mund auf.

EINSTEIN: Sie sehen, auch hier ist alles eine Frage des Standpunktes.

NEANDERTAL: Okay. Aber . . . (er überlegt). Es gibt ja feste Maße. Da ist es keine Frage des Standpunktes. Maß ist Maß!

EINSTEIN: Zum Beispiel?

NEANDERTAL: Na ein Meter ist ein Meter. Basta!

EINSTEIN: Waren Sie schon mal in den USA?

NEANDERTAL: Nein. Wieso?

EINSTEIN: Dort gibt es inches und feet und miles.

NEANDERTAL: Ja, schon. Aber es gibt dafür auch Umrechnungstabellen.

EINSTEIN: Stimmt. Aber bleiben wir beim Meter. Wissen Sie, wie der zustande kam?

NEANDERTAL: Keine Ahnung.

EINSTEIN: Der Meter wurde 1791 in Paris festgelegt, und zwar als der 40millionste Teil des Erdumfanges.

NEANDERTAL: Ja und?

EINSTEIN: Was ich damit sagen will, ist, dass der Meter nicht einfach ein Meter ist, unumstößlich und sogar für Marsmenschen, wenn es sie denn gäbe, gültig. Er ist nichts Absolutes, überall Gültiges, sondern er ist aus einem Vergleich heraus entstanden. Aus einem Vergleich mit dem Erdumfang.

NEANDERTAL: So gesehen haben Sie Recht.

EINSTEIN: Wie lange ein Meter ist, wissen nur wir, die wir den Vergleich erfunden haben. Und weil alle bei uns auf der Erde den Vergleich kennen (selbst wenn sie von der Entstehung nichts wissen), weiß jeder Mensch beim Begriff Meter sofort Bescheid.

NEANDERTAL: Gut. Aber ich verstehe nicht, worauf Sie hinaus wollen.

EINSTEIN: Wir waren vorhin schon mal bei der Geschwindigkeit. Was ist das? Physikalisch meine ich.

NEANDERTAL: Na, da muss ich erst mein Schulwissen wieder ausgraben. (Er überlegt kurz.) Ich hab's: Geschwindigkeit ist die Wegstrecke geteilt durch die Zeit, die man dafür benötigt.

EINSTEIN: Richtig. Brauche ich mit dem Auto für 100 Kilometer eine Stunde, dann war ich 100 Stundenkilometer schnell.

NEANDERTAL: Ich verstehe trotzdem nicht, was das alles soll.

EINSTEIN: Warten Sie's ab. Wir haben vorhin gesehen, dass der Meter nichts Absolutes ist, sondern auf einem Vergleich mit dem Erdumfang basiert. Also ist auch der Kilometer nichts Absolutes, sondern etwas Relatives. Und wie ist das mit der Zeit?

NEANDERTAL: Sagen Sie's mir!

EINSTEIN: Hier ist es genau das Gleiche. Wir haben festgelegt, dass eine Stunde der 24. Teil jener Zeit ist, die die Erde für eine Umdrehung benötigt.

Die Zeit ist also relativ zum Erdumfang bzw. einer Drehung um sich selbst festgelegt. Was bedeutet das nun für unsere Geschwindigkeit?

NEANDERTAL: Ähh, dass auch die nur relativ ist?

EINSTEIN: Richtig. Denn sie errechnet sich ja aus zwei relativen Größen: Meter und Stunde, Strecke und Zeit.

NEANDERTAL: Okay, ich glaub, ich hab's verstanden. Wenn ein Besucher aus dem All zu uns kommt, kann er überhaupt nichts damit anfangen, wenn ich ihm etwas von Metern und Stunden erzähle, weil diese Maße nur in Bezug auf unsere Erde gelten und Sinn machen.

EINSTEIN: Genau.

NEANDERTAL: War das jetzt schon alles? Damit kapier ich leider immer noch nicht, warum der Khalifa so schnell heilen kann.

EINSTEIN: So, kann er das? Ich bin auf jeden Fall noch nicht fertig.

NEANDERTAL: Gut. Dann machen Sie weiter!

EINSTEIN: Stellen Sie sich eine Kokosnuss vor, die auf dem Boden liegt. Welche Geschwindigkeit hat sie?

NEANDERTAL: Null natürlich, wenn sie liegt.

EINSTEIN: Ich behaupte, sie ist 1667 km/h schnell.

NEANDERTAL: Sie spinnen!

EINSTEIN: Nein. Passen sie auf! Die Kokosnuss hat im Vergleich zur Erde natürlich die Geschwindigkeit null, aber im Vergleich zu einer Raumstation, die die Erde beobachtet, ist sie 1667 km/h schnell. So schnell dreht die Erde sich nämlich um sich selbst und die Kokosnuss bewegt sich natürlich mit. Die Erde aber rast gleichzeitig auch um die Sonne. Verglichen mit ihr ist die Kokosnuss sogar 30 Kilometer pro Sekunde schnell.

NEANDERTAL: Das ist ja ganz lustig. Aber was bringt mir das?

EINSTEIN: Ich hoffe, Sie haben bis jetzt gelernt, dass unsere Maße, mit denen wir umgehen, als wären sie absolute Wahrheiten, nichts anderes als Vergleichsmaßstäbe sind.

NEANDERTAL: Das habe ich.

EINSTEIN: Gut. Die Physiker früherer Jahrhunderte haben das auch und sie waren darüber gar nicht glücklich.

NEANDERTAL: Warum?

EINSTEIN: Berechnungen mit Maßen, die im Grunde nur im Vergleich zu etwas anderem korrekt sind, entsprechen nicht den Vorstellungen von Physikern. Sie wollen etwas Absolutes, etwas überall Gültiges, etwas absolut Korrektes.

NEANDERTAL: Pech für sie.

EINSTEIN: Ja. Sie haben überlegt, wie sie doch noch dazu kommen könnten.

NEANDERTAL: Und?

EINSTEIN: Ihnen war klar: Eine absolute Geschwindigkeit gibt es nur im Vergleich zu etwas, das immer völlig ruhig ist. Etwas im Weltall, das sich absolut nicht bewegt. Darauf könnten sich dann alle Lebewesen im Kosmos berufen.

NEANDERTAL: Und, haben sie etwas gefunden?

EINSTEIN: Nein. Alles im Weltall ist ständig in Bewegung.

NEANDERTAL: Dumm gelaufen.

EINSTEIN: Nicht unbedingt. Die Physik hat den Umkehrschluss gezogen.

NEANDERTAL: Umkehrschluss?

EINSTEIN: Ja. Wenn es absolut nichts im Weltall gibt, das in vollkommener Ruhe ist, dann kann im Umkehrschluss jeder von sich sagen: Ich bin der Ruhepunkt, der Rest bewegt sich und alle Messungen beziehen sich auf mich.

NEANDERTAL: So einfach machen die sich das? Das ist doch ein Taschenspielertrick! So geht's ja nun nicht!

EINSTEIN: Wieso?

NEANDERTAL: Jeder soll von sich sagen können: Ich bin der Ruhepunkt? Quatsch! Entweder bewege ich mich oder die anderen.

EINSTEIN: Sind Sie schon mal Zug gefahren?

NEANDERTAL: Natürlich.

EINSTEIN: Vielleicht haben Sie folgendes schon erlebt. Sie stehen im Bahnhof. Auf dem Gleis neben Ihnen steht ebenfalls ein Zug. Gegenüber Ihrem Abteil sitzt eine hübsche Frau. Sie beobachten Sie.

NEANDERTAL: Das würde ich nie tun.

EINSTEIN: Nicht? Ich würde es tun.

NEANDERTAL: Also gut, Ihnen zuliebe. Ich auch.

EINSTEIN: Sie schauen also rüber. Plötzlich merken Sie, wie Ihr Zug anfährt. Sie bewegen sich aus dem Bahnhof, die hübsche Frau gegenüber bleibt zurück, Ihr Zug rauscht in immer schnellerem Tempo an den Waggons des anderen Zuges vorbei.

NEANDERAL: Okay. Und was zeigt mir das?

EINSTEIN: Als Ihr Zug den letzten Waggon des anderen Zuges passiert hat, sind Sie plötzlich verwirrt.

NEANDERTAL: Ich? Warum denn?

EINSTEIN: Sie merken jetzt, dass Ihr Zug immer noch völlig still im Bahnhof steht. Nicht Ihr Zug ist losgefahren, sondern der gegenüber Liegende in die andere Richtung.

NEANDERTAL: Mensch Einstein! Stimmt. So was ist mir tatsächlich schon passiert.

EINSTEIN: Sie haben geglaubt, Ihr Zug fährt und der andere steht. Sie sind in Bewegung, der andere in Ruhe. Und plötzlich merken Sie, es ist ja umgekehrt: Ich bin in Ruhe, der andere fährt. Und Sie hätten in der Tat nichts anderes gesehen, wenn die Situation umgekehrt gewesen wäre, wenn Sie in dem fahrenden Zug gesessen hätten.

NEANDERTAL: Okay, okay. Ich bin überzeugt; auch wenn's mir schwer fällt. Jeder kann von sich sagen: Ich bin der Ruhepunkt, der Rest bewegt sich. Das, was ich sehe, ist im Grunde dasselbe.

EINSTEIN: Gut. Aber diese Folgerung hat dramatische Folgen.

NEANDERTAL: Ach ja?

EINSTEIN: Die Physiker haben nämlich doch noch etwas Absolutes entdeckt.

NEANDERTAL: Was denn?

EINSTEIN: Die Lichtgeschwindigkeit. Sie ist immer und überall gleich und beträgt - jetzt allerdings auf irdische Maßstäbe übertragen -

299792458 Meter pro Sekunde, also rund 300000 Kilometer pro Sekunde.

NEANDERTAL: Sie ändert sich nie? Ist nicht mal schneller, mal langsamer?

EINSTEIN: Nein, sie ist immer genau gleich. So, und nun kommen wir zum Kern der Sache.

NEANDERTAL: Endlich.

EINSTEIN: Ich brauche ein Blatt Papier.

KIRK: Hier, Professor.

EINSTEIN: Danke, Captain. Herr Neandertal. Stellen Sie sich ein ferngesteuertes Spielzeugauto vor, das beim Punkt A startet, Richtung C fährt und von dort wieder zurück zum Punkt A. Ich zeichne es Ihnen auf.

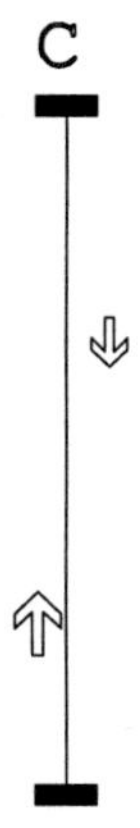

Klar?

NEANDERTAL (etwas beleidigt): Natürlich. So blöd bin auch nun auch wieder nicht.

EINSTEIN: Stellen Sie sich vor, Herr Khalifa würde das Auto fernsteuern und die Zeit messen, die es braucht von A nach C und zurück.

NEANDERTAL: Herr Khalifa spielt mit Autos? Haha! Also gut.

EINSTEIN: Stellen Sie sich weiter vor, Sie selbst würden gerade mit dem Zug vorbeifahren und die Sache beobachten und ebenfalls die Zeit stoppen. Das sieht dann so aus: Sie fahren von rechts nach links, das Auto von unten nach oben und wieder zurück.

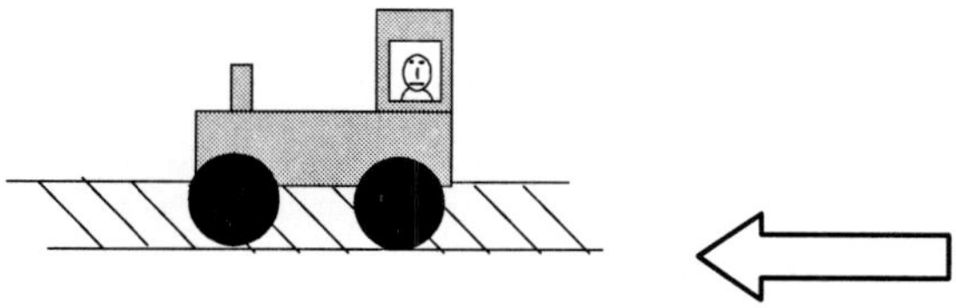

NEANDERTAL: Also Ihre Zeichenkünste lassen doch sehr zu wünschen übrig. Die komische Figur im Zug soll ich sein?

EINSTEIN: Jetzt seien Sie nicht so empfindlich! Herr Khalifa stoppt die Zeit und Sie stoppen die Zeit, die das Auto für seinen Weg benötigt, ebenfalls. Sind die beiden Messungen identisch?

NEANDERTAL: Natürlich. Wir messen ja den gleichen Vorgang.

EINSTEIN: Stimmt, Sie beide messen den gleichen Vorgang. Aber das mit der Zeit schauen wir uns etwas genauer an.

NEANDERTAL: Wenn's sein muss.

EINSTEIN: Herr Khalifa steht still und lässt das Auto fahren. Er ist der Ruhepunkt auf den sich seine Messung bezieht. Sie fahren daran vorbei. Wir haben vorhin gesehen, dass jeder mit dem gleichen Recht von sich behaupten kann, er sei der Ruhepunkt, auf den sich die Messungen beziehen; also auch Sie im Zug.

NEANDERTAL: Richtig.

EINSTEIN: Gut. Dann schauen wir uns einmal an, was Sie aus dem vorbeifahrenden Zug heraus sehen.

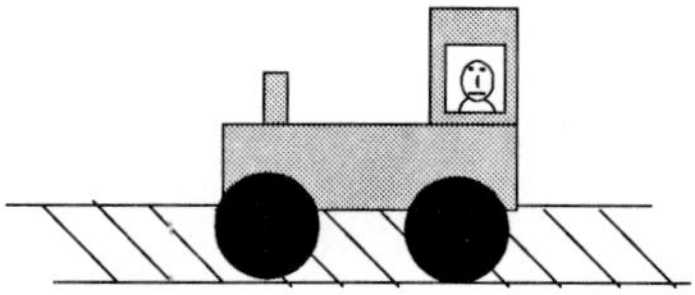

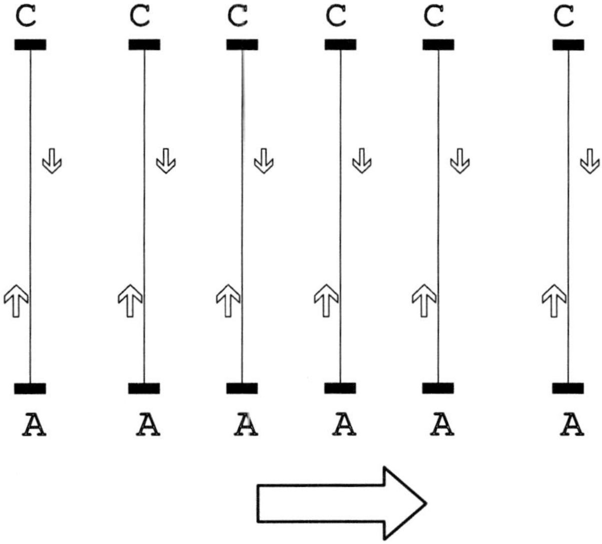

Herr Khalifa fährt mit seinem Experiment an Ihnen vorbei, während Ihr Zug still steht.

NEANDERTAL: Ja richtig. So wie vorhin beim Beispiel mit den beiden Zügen und der hübschen Frau im Bahnhof. Ich sehe, wenn ich aus dem

Zugfenster schaue, wie Khalifa und sein Auto an mir vorbeirauschen. Ob ich mich nun bewege oder Khalifa und sein Auto, ist egal. Was ich sehe, ist das Gleiche.

EINSTEIN: Richtig. Schauen wir uns das aber einmal Schritt für Schritt an. Sie fahren, aber auf der Zeichnung bleiben Sie natürlich auf dem gleichen Platz stehen, weil Sie ja in diesem Beispiel der Ruhepunkt sind. Herr Khalifa lässt sein Auto starten. In diesem Moment sehen Sie Folgendes.

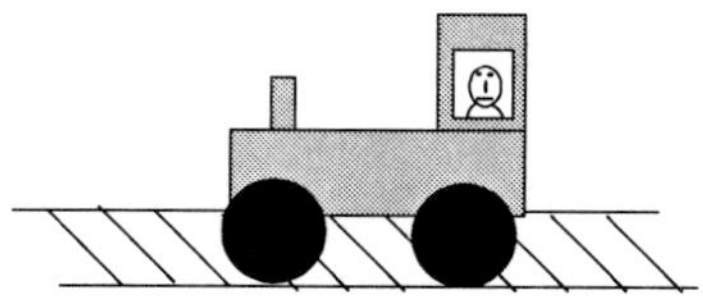

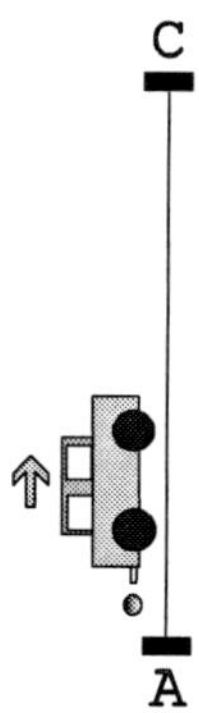

EINSTEIN: Mittlerweile sind Sie weitergefahren - oder von Ihrem Standpunkt aus betrachtet: das

Experiment ist weitergefahren. Khalifas Auto hat den Punkt C erreicht und wendet.

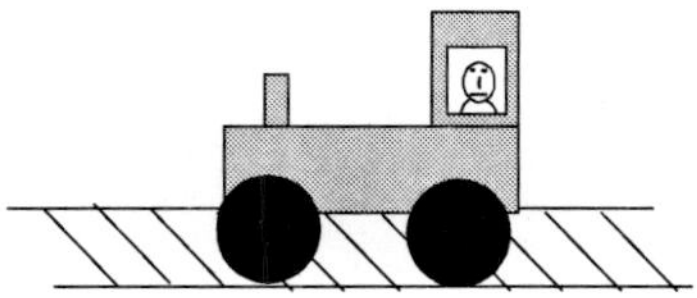

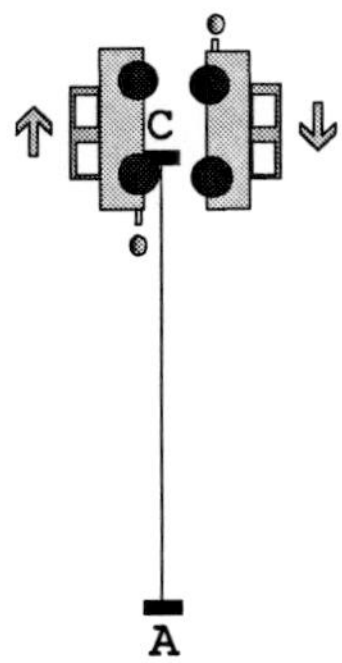

EINSTEIN: Jetzt sind sie noch ein Stück weiter gefahren (beziehungsweise das Experiment) und Sie sehen Khalifas Auto wieder am Punkt A ankommen.

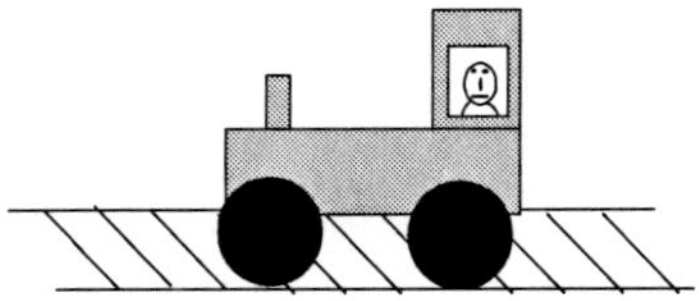

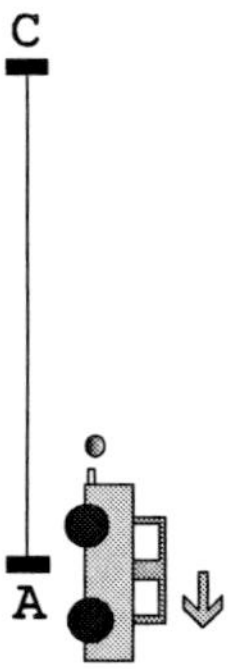

NEANDERTAL: Genau so ist es.

EINSTEIN: Gut. Jetzt setzen wir die Einzelstücke einmal zusammen.

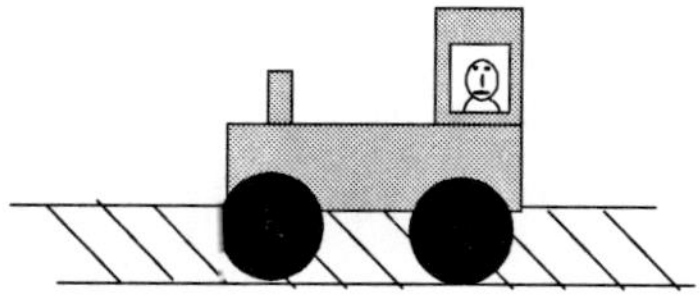

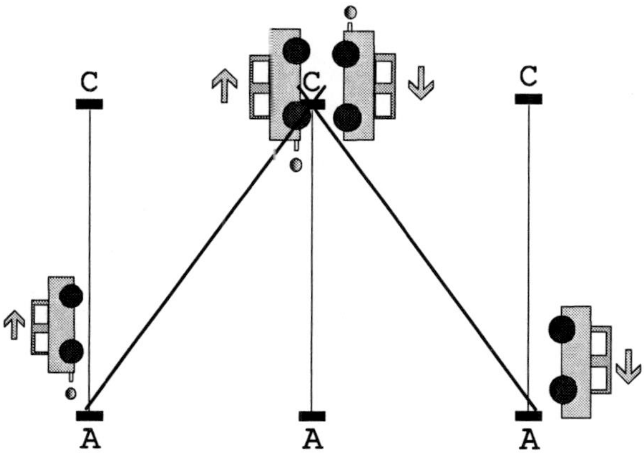

Und jetzt schauen Sie sich einmal den Weg des Autos an. Ist er der Gleiche wie der von Khalifa?

NEANDERTAL: Nein, das ist ein Zickzackweg.

EINSTEIN: Und ist er genauso lang wie der, den Khalifa sieht?

NEANDERTAL: Nein, er ist länger. Statt so

sieht der Weg, den ich sehe, folgendermaßen aus:

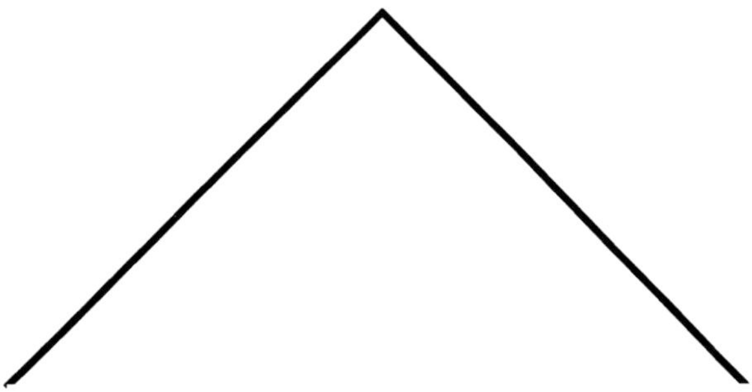

EINSTEIN: Richtig. Der Weg, den Sie sehen, ist länger, als der, den Herr Khalifa sieht. Und dennoch ist es ein und das selbe Ereignis. Er misst die Zeit, die das Auto von A nach C und wieder zurück braucht, und die ist bei gleicher Geschwindigkeit immer die selbe. Auch wenn Sie von Ihrem Standpunkt aus eine viel längere Strecke gesehen haben.

NEANDERTAL: Das ist schon seltsam.

EINSTEIN: Kann es sein, dass das Auto von Ihrem Standpunkt aus gesehen schneller fährt?

NEANDERTAL: Ich wüsste nicht, wie das gehen sollte. Aber es muss so sein. Die Zeit ist ja die gleiche, also muss das Auto für die längere Strecke schneller gefahren sein.

EINSTEIN: Logisch gedacht. Aber bleiben wir nochmals bei unserem Experiment. Die Physiker haben es nämlich nicht mit Autos durchgeführt, sondern mit Lichtteilchen. Wissen Sie noch, wie schnell das Licht ist?

NEANDERTAL: Nicht genau; verdammt schnell, hab ich in Erinnerung.

EINSTEIN: Stimmt. Fast 300000 Kilometer in der Sekunde. Und das Licht hat noch eine Eigenschaft. Erinnern Sie sich?

NEANDERTAL: Noch eine? Ach ja. Es ist immer gleich schnell. Nie langsamer, nie schneller.

EINSTEIN: Genau. Es gibt nichts, das schneller ist als das Licht. Jetzt übertragen wir das auf unser Experiment. Das Lichtteilchen saust von A nach C und zurück. Herr Khalifa misst die Zeit. Gleichzeitig, nehmen wir an, sausen Sie in einem Raumschiff fast mit Lichtgeschwindigkeit vorbei. Sie können wieder sagen: Ich bin der ruhende Pol, der Rest bewegt sich. Aus Ihrer Sicht saust also Khalifa mit dem Experiment an Ihnen vorbei. Erinnern Sie sich noch an den Weg des Autos aus Ihrer Sicht?

NEANDERTAL: Ja. Es war nicht der gerade Weg hin und zurück, sondern ein Zickzackweg.

EINSTEIN: Genau. Bei dem Lichtteilchen ist dies nicht anders. Es legt aus Ihrer Sicht einen wesentlich längeren Weg zurück als aus der Sicht von Herrn Khalifa.

NEANDERTAL: Richtig.

EINSTEIN: Und welche Schlussfolgerung haben Sie vorhin gezogen? Wenn die Zeit gleich bleibt, der Weg sich aber verlängert, muss die Geschwindigkeit erhöht worden sein.

NEANDERTAL: Richtig.

EINSTEIN: Übertragen wir das auf das Lichtteilchen. Die Zeit, die Herr Khalifa misst, ist die gleiche, der Weg aber aus Ihrer Sicht länger. Also müsste das Lichtteilchen aus Ihrer Sicht schneller unterwegs sein.

NEANDERTAL: Eigentlich schon. Aber das geht ja nicht.

EINSTEIN: Stimmt. Das Licht ist immer gleich schnell.

NEANDERTAL: Jetzt sehen wir aber ganz schön alt aus. Die Zeit ist gleich, die Geschwindigkeit auch, aber der Weg ist länger.

EINSTEIN: So alt sehen wir gar nicht aus. Wir müssen lediglich etwas zur Kenntnis nehmen, das gerade durch diesen Versuch bewiesen wurde.

NEANDERTAL: Was denn?

EINSTEIN: Dass die Zeit nicht für jeden gleich ist.

NEANDERTAL: Was?

EINSTEIN: Für Khalifa verläuft die Zeit anders als für Sie.

NEANDERTAL: Das ist doch Quatsch!

EINSTEIN: Nein. Geschwindigkeit ist gleich Weg durch Zeit. Ist die Formel korrekt?

NEANDERTAL: Ja.

EINSTEIN: In unserem Beispiel kann sich die Geschwindigkeit nicht erhöht haben, aber der Weg ist länger geworden. Also bleibt logischerweise nur die eine Möglichkeit: Die Zeit hat sich verlängert.

NEANDERTAL (windet sich): Ja, das ist zwar logisch, aber ich kann doch für den gleichen Vorgang nicht mehr Zeit messen als Khalifa.

EINSTEIN: Doch. Wir haben es gerade ganz logisch, wie Sie selbst sagen, bewiesen.

NEANDERTAL: Aber ...

EINSTEIN: Lassen Sie mal das Aber. Sie können sich das nicht vorstellen, weil es nun mal jenseits unserer Vorstellungskraft liegt, jenseits unseres angeblich so gesunden Menschenverstandes. Solche Dinge passieren nicht jeden Tag, solche Dinge geschehen nur bei Geschwindigkeiten nahe der Lichtgeschwindigkeit. Und die erreichen wir nun mal im täglichen Leben nicht.

NEANDERTAL: Aber ...

EINSTEIN: Warten Sie. Wenn ein Apfel sich vom Baum löst, was passiert mit ihm?

NEANDERTAL: Na, er fällt auf den Boden.

EINSTEIN: Warum?

NEANDERTAL: Wegen der Schwerkraft.

EINSTEIN: Genau. Das ist für Sie selbstverständlich. Dabei ist nirgends eine Schnur oder Ähnliches zu sehen, die den Apfel zu Boden zieht. Aber wir erfahren die Schwerkraft täglich, also ist sie für uns normal.

NEANDERTAL: Ja, das stimmt schon.

KHALIFA (schaltet sich ein): Sie telefonieren ja auch mit dem Handy und wissen eigentlich nicht so ganz genau, wie das funktioniert. Aber es funktioniert jeden Tag, also ist es für uns normal. Reisen Sie in der Zeit zurück und geben Sie ihr Handy einem Mann des 14. Jahrhunderts. Sie werden schneller auf dem Scheiterhaufen landen als Ihnen lieb ist.

NEANDERTAL: Ja, schon.

EINSTEIN: Ich verstehe ja, dass Sie sich damit schwer tun. Aber es ist nun mal so. Sherlock Holmes hat einmal zu seinem Freund Dr. Watson gesagt: Das, was übrig bleibt, wenn alles Unmögliche ausgeschlossen ist, ist die Wahrheit, so unwahrscheinlich sie erscheinen mag.

NEANDERTAL: Okay. Aber wie das alles funktionieren soll, ist mir trotzdem nicht klar.

EINSTEIN: In unserem Beispiel sehen Sie aus Ihrem Raumschiff heraus das Experiment wie in Zeitlupe ablaufen. Die Zeit wurde gedehnt.

KIRK: Dieser Begriff der Zeitdehnung wurde von Herrn Einstein durch seine Relativitätstheorie eingeführt.

EINSTEIN: Danke, Captain.

KIRK: Er hat auch ein berühmtes Beispiel erfunden. Wenn ein Mann mit seinem Raumschiff fast mit Lichtgeschwindigkeit zu einem 20 Lichtjahre entfernten Stern fliegt und wieder zurück, dann ist er kaum gealtert. Alle Bürger auf der Erde aber sind 40 Jahre älter geworden.

EINSTEIN: Stimmt. Aber dieser ganze Prozess bezieht sich nur auf Geschwindigkeiten in der Nähe der Lichtgeschwindigkeit.

KIRK: Und man kann auch genau ausrechnen, wie sehr sich die Zeit dehnt. Dazu wurde der Faktor γ (Gamma) eingeführt.

NEANDERTAL: Gamma?

KIRK: Klar, wir müssen schließlich als Raumfahrer öfter damit rechnen.

NEANDERTAL: Ah ja. Und für Sie ist das also ganz normal?

KIRK: So normal wie für Sie damals das Handy war.

EINSTEIN: Der Faktor Gamma steigt zunächst langsam an, je näher er der Lichtgeschwindigkeit kommt aber umso stärker.

NEANDERTAL: Wie stark?

EINSTEIN: Also bei einem Fußgänger mit 5 km/h ist er gerade mal 1,00000000000000002. Bei einem Auto mit 100 km/h (relativ zur Straße gemessen) 1,000000000000004. Bei der Erde, die ja relativ zur Sonne immerhin 30 km/s schnell ist (also 0,01 Prozent der Lichtgeschwindigkeit), ist der Faktor γ auch nur 1,000000005. Selbst bei 270000 km/sec (90 Prozent der

Lichtgeschwindigkeit) ist der Faktor γ mit 2,294 noch recht klein. Doch danach geht es immer steiler bergauf. Bei 99,99 Prozent der Lichtgeschwindigkeit ist der Faktor γ 70,71, bei 99,999 ist er 223,61 und bei 99,9999 Prozent ist er sagenhafte 707,11 groß.

NEANDERTAL: Und was bedeutet das genau mit dem Faktor Gamma?

EINSTEIN: Das bedeutet, dass Handlungen im Geschwindigkeitsbereich knapp unter der Lichtgeschwindigkeit extrem in der Zeit gedehnt sind. Konkret. Was für uns als Ruhepunkt eine Minute dauert, dauert im Bereich von 99,9999 Prozent der Lichtgeschwindigkeit 1 Minute mal 707,11, also 707,11 Minuten.

NEANDERTAL: Wow!

EINSTEIN: Das bedeutet also einen Zeitunterschied von 706 Minuten, je nach Standpunkt.

KIRK: Sie sehen also, die Zeit ist mitnichten immer gleich.

EINSTEIN: Die Zeit verläuft unterschiedlich je nach Standpunkt. Deshalb sage ich: Die Zeit ist Privatsache, weil jeder ja für sich den Standpunkt des absoluten Ruhepunktes reklamieren kann. Und damit hat er immer eine andere Zeit als die anderen (es sei denn, die stehen auch still). Allerdings ist der Unterschied im Normalfall nicht zu bemerken.

NEANDERTAL: Puhh, mir raucht schon wieder der Kopf.

EINSTEIN: Deshalb kriegen Sie erst von mir eine Zusammenfassung und dann von Captain Kirk einen Whiskey.

NEANDERTAL: Prima Vorschlag.

EINSTEIN: Also zunächst die Zusammenfassung. Da im Weltall alles in Bewegung ist, kann sich jeder selbst mit gutem Recht als ruhenden Pol im Universum betrachten. Alle anderen Dinge des Universums ruhen entweder auch oder sie bewegen sich mehr oder weniger schnell. Für die Dinge, die ruhen genau wie man selbst, verstreicht die Zeit auch genauso schnell wie für einen selbst. Für alle Dinge in Bewegung verstreicht die Zeit langsamer als für einen selbst und zwar umso langsamer, je höher die Geschwindigkeit ist. Das heißt, die eigene Zeit verstreicht immer am schnellsten.

NEANDERTAL: Genau. Und deshalb möchte ich jetzt auch so schnell wie möglich meinen Whiskey.

21. Eine Stunde gleich 29 Tage

NEANDERTAL: Puh, der Whiskey war gut. Ich hätte nicht gedacht, dass man in der Zukunft auch noch Whiskey trinkt.

KIRK: Warum nicht?

NEANDERTAL: Anscheinend haben Sie im Universum nichts Besseres gefunden.

KIRK: Na ja, ein paar gute Getränke habe ich da durchaus entdeckt.

EINSTEIN: Reden wir jetzt über Schnaps oder Physik?

KHALIFA: Wir sollten über Medizin reden.

NEANDERTAL: Stimmt. Darüber haben wir bei all den Spielzeugautos, Zugfahrten und gedehnten Zeiten noch gar nicht gesprochen.

KHALIFA: Dann wird's Zeit.

NEANDERTAL: Moment noch. Zeit ist ein gutes Stichwort. Ihr Erklärung, Herr Einstein, war ja schon logisch. Aber, na ja, ich hätte doch gerne ein Beispiel dafür, dass das stimmt. Einen Beweis dafür, dass die Zeit bei Lichtgeschwindigkeit gedehnt wird.

KIRK: Ich glaube, da kann ich behilflich sein.

NEANDERTAL: Schießen Sie los!

KIRK: Aus dem Weltall trifft ja ständig kosmische Strahlung auf die Erde. Durch den Zusammenprall der Strahlung mit den Luftteilchen in der Atmosphäre in 15 Kilometern Höhe entstehen Myonen, die dann nahezu mit Lichtgeschwindigkeit in Richtung Erdboden fliegen. Die Myonen aber haben eine extrem kurze Lebensdauer. Sie werden nur einige Millionstel Sekunden alt. Trotz Lichtgeschwindigkeit kommen sie in dieser Zeit nur etwa 500 Meter weit. Tatsächlich aber findet man die Myonen auch noch in Erdbodenhöhe. Dort können sie nur hingekommen sein, weil ihre Zeit gedehnt war, also viel länger war und sie deshalb genügend Zeit hatten, 15 Kilometer zurückzulegen.

NEANDERTAL: Interessant. Okay, danke für das Beispiel. Jetzt will ich aber wissen, warum der Khalifa so schnell, in so kurzer Zeit, eine Verletzung heilen kann.

KHALIFA: Mit ein bisschen Überlegung müssten Sie eigentlich selbst drauf kommen.

NEANDERTAL: Oh nach soviel Physik kann ich, glaube ich, nicht mehr viel überlegen.

KHALIFA: Oder nach so viel Whiskey. Also gut, ich helfe Ihnen.

NEANDERTAL: Prima.

KHALIFA: Sie erinnern sich noch an das Atommodell mit den Elektronen und Protonen?

NEANDERTAL: Die kleinen Dinger, die im Atom umeinander fliegen und auch von Atom zu Atom springen?

KHALIFA: Genau. Zumindest die Elektronen springen von Atom zu Atom. Wissen Sie auch noch, wie schnell die sein können?

NEANDERTAL: Mhh, wie war das noch? War das nicht auch fast Lichtgeschwindigkeit?

KHALIFA: Genau. Jetzt stellen Sie sich noch einmal einen gebrochenen Knochen vor. Dort wird die Heilung durch einen elektromagnetischen Impuls eingeleitet, der die Zellen an den Bruchenden wieder in ihren sozusagen embryonalen Zustand verwandelt, damit sie wieder wachsen können. Die Heilung wird durch diesen elektromagnetischen Impuls angeregt und der ist nichts anderes als der Austausch von Elektronen.

NEANDERTAL: Soll das etwa heißen, die Heilung wird dadurch ausgelöst, dass ein paar Elektronen ausgetauscht werden?

KHALIFA: Richtig. Und der Austausch geht weiter. Und damit auch die Heilung.

NEANDERTAL: Er geht weiter und damit auch die Heilung? Das hieße ja, die Heilung selbst ist einfach nur der Austausch von Elektronen.

KHALIFA: Genau! Allerdings nur der Austausch der richtigen Elektronen.

NEANDERTAL: Und das geschieht in Lichtgeschwindigkeit?

KHALIFA: Zumindest fast in Lichtgeschwindigkeit.

NEANDERTAL: Und weil das Licht so verdammt schnell ist, sind Sie bei Ihrer Arbeit auch so schnell.

KHALIFA: So ähnlich. Aber das ist es nicht allein.

NEANDERTAL: Nicht?

KHALIFA: Denken Sie an die Zeit!

NEANDERTAL: Die Zeit? Warten Sie! Nicht unterbrechen! Ich krieg das selbst raus. Ich bin der Sache auf der Spur. (Er wuchtet sich aus dem Sessel, humpelt im Zimmer auf und ab, greift sich ab und zu an den Kopf, nickt und brabbelt vor sich hin). Austausch in Lichtgeschwindigkeit. Zeitdehnung. Faktor Gamma. Einstein. (Laut zu Khalifa). Wenn der Austausch fast in Lichtgeschwindigkeit vor sich geht, dann müsste doch in dem Bereich die Zeit gedehnt werden.

KHALIFA: Richtig.

NEANDERTAL: Das heißt, die Zeit wird länger, es können viel mehr Austauschprozesse ablaufen, weil ja die Zeit gedehnt ist.

KHALIFA: Genau. Sie haben gut aufgepasst.

NEANDERTAL (glücklich über seinen Erfolg, redet immer schneller): Die Heilung im verletzten Gelenk dauert also viel, viel länger als es von außen den Anschein hat?

KHALIFA: Genau.

NEANDERTAL: Weil ich als Patient der ruhende Pol bin. Für mich verstreicht die Zeit am schnellsten.

KHALIFA: Richtig. Für sie und für mich als Therapeut vergeht eine Stunde ...

NEANDERTAL: ... und in der verletzten Stelle vergeht, wie war dieser höchste Wert für diesen Faktor ?

KIRK: Gamma? Für 99,9999 Prozent der Lichtgeschwindigkeit waren es 707,11.

NEANDERTAL: Das hieße in der verletzten Stelle könnten, während ich eine Stunde auf Khalifas Pritsche liege, lassen Sie mich das schnell ausrechnen (er schnappt sich ein Blatt Papier).... 29 Tage vergehen.

KHALIFA: Im Optimalfall.

NEANDERTAL (lässt sich wieder in den Sessel fallen): Wow! Das wäre dann allerdings kein Wunder mehr, sondern nur angewandte Physik.

KHALIFA: Genau.

EINSTEIN: Einspruch. Ich glaube nicht, dass es möglich ist, Teilchen im menschlichen Körper bis fast auf Lichtgeschwindigkeit zu beschleunigen.

KHALIFA: Dass ausgerechnet Sie das sagen, Herr Einstein, wundert mich. Schließlich sind Sie der Vater der Relativitätstheorie, die zunächst auch sehr umstritten war. Ihr Gebiet waren die Sterne, mein Gebiet sind die Zellen. Und ich sage Ihnen: Das funktioniert. Das Medium, in meinem Fall der Mensch, seine Zellen, seine Moleküle und Atome, ist eben auch etwas anderes als beispielsweise ein Versuchsaufbau in einer Forschungsstation.

NEANDERTAL: Jetzt mosern Sie hier nicht rum, Einstein! Ich will von Khalifa noch etwas anderes wissen.

KHALIFA: Und was?

NEANDERTAL: Wie sieht es nach der Behandlung aus?

KHALIFA: Da gehen die Prozesse weiter. Die Heilung ist nach der Behandlung bei mir noch nicht völlig abgeschlossen. Aber der Körper macht den Rest von alleine.

NEANDERTAL (nicht mehr so euphorisch wie gerade eben noch): Ich habe aber von Leuten gehört, die einige Tage nach der Behandlung bei Ihnen nicht mehr ganz so zufrieden waren und sich doch noch operieren ließen.

KHALIFA: Ja, die gibt es leider. Die waren am Anfang so euphorisch und dann verunsichert, weil später durchaus Schmerzen auftreten können oder, sagen wir mal, ungewöhnliche Gefühle. Wenn's nach einer Operation weh tut, wundert sich niemand, bei mir schon. Dabei sollten die Leute ja eigentlich froh sein, dass sie auch fühlen können: Da passiert etwas, da tut sich was, da heilt etwas.

NEANDERTAL: Und warum haben die sich dann nicht bei Ihnen gemeldet und gefragt, was sie denn nun tun sollten?

KHALIFA: Nun ich denke, jeder glaubt ja zunächst mal, was die herkömmliche Medizin verbreitet. Schließlich hilft sie täglich Tausenden, ja Millionen von Menschen. Und wenn dann bei mir scheinbar, also wirklich nur scheinbar, etwas schief läuft, glauben die Menschen nur allzu schnell wieder der herkömmlichen Medizin. Und die sagt, dass das, was ich tue, nicht funktionieren kann. Also glauben das auch die zunächst so euphorischen Patienten und überlassen sich wieder ihren früheren Ärzten, die aus ihrer Sicht das Richtige veranlassen: die Operation.

Die Tür geht auf. Ein Mann mit langem weißen Bart streckt den Kopf herein und sagt: Und sie bewegt sich doch. Er schließt die Tür und geht wieder.

NEANDERTAL: Wer war denn das nun schon wieder?

KIRK: Das war Galileo Galilei.

NEANDERTAL: Von dem hab ich doch auch schon mal was gehört.

KIRK: Er hat im 16. Jahrhundert behauptet, die Erde drehe sich um die Sonne und nicht umgekehrt.

NEANDERTAL: Das stimmt doch auch.

KIRK: Natürlich stimmt das. Aber damals war die Kirche noch sehr mächtig und hat die für sie gefährliche Meinung unterdrückt. Für sie war die Erde der still stehende Mittelpunkt das Universums und alles andere drehte sich um die Erde. Galileo bekam Hausarrest, wäre fast auf dem Scheiterhaufen gelandet und musste seine ketzerischen Behauptungen widerrufen.

NEANDERTAL: Tja, es ist schon fatal, wenn mächtige Interessen dagegen stehen, ob es nun die Kirche ist oder die Politik oder die Industrie.

EINSTEIN: Ein Einzelner kann sich da oft nicht durchsetzen. Egal wie richtig das ist, was er sagt oder tut.

KHALIFA: Könnten wir bitte das Thema wechseln?

NEANDERTAL: Aber sicher. Ich habe noch eine Frage: Sie haben mich einmal vertröstet, als ich wissen wollte, ob sich mein Körper nach einer Verletzung womöglich selbst wieder durch Übung - wie im Beispiel der Eimerkette - in Bestform bringen kann.

KHALIFA: Richtig. In der Tat kann das geschehen. Aber nur, wenn der trophische Stoffwechsel in Ordnung ist.

NEANDERTAL: Der trophische Stoffwechsel? Hab ich nicht schon mal etwas davon gehört?

KHALIFA: Der trophische Stoffwechsel ist der aufbauende Stoffwechsel. Er versorgt alle Zellen mit den nötigen Nährstoffen und ist damit eben auch für den Elektronenaustausch zuständig. Er ist quasi ein veredelter Stoffwechsel, so wie aus Rohöl durch Bearbeitung Benzin wird.

NEANDERTAL: Und wenn der in Ordnung ist, kann eine Verletzung selbst heilen?

KHALIFA: Sicher. Dann benötigt der Körper nicht meine Hilfe von außen, sondern der Selbstheilungsmechanismus greift von selbst. Durch den trophischen Stoffwechsel funktioniert die Reizübermittlung von alleine; so wie beim Beinbruch, wenn die Zellen automatisch in den embryonalen Zustand zurückkehren, um das Neuwachstum zu fördern.

NEANDERTAL: Aha. Und ich nehme an, Sie bringen bei Ihrer Arbeit diesen trophischen Stoffwechsel, so wie die Reflexe, auch wieder in Ordnung.

KHALIFA: Genau. Der Stoffwechsel ist das Entscheidende.

KIRK: Die Eimerkette muss wieder funktionieren.

EINSTEIN: Eimerkette?

KIRK: Das haben Sie vorhin nicht mitbekommen. Ich erzähle Ihnen das ein andermal. Es ist spät geworden. Wir sollten zu Bett gehen.

Neandertal, Einstein, Khalifa und Kirk gehen in ihre Kabinen. Unterwegs begegnet ihnen noch einmal Galileo, der unentwegt ruft: Und sie bewegt sich doch!

22. Die Aufzeichnungen des Herrn Neandertal

Morgen früh verlassen wir das Raumschiff wieder. Es war ungeheuer aufregend, etwas zu erleben, das ich zuvor nur aus dem Fernsehen gekannt habe. Was Khalifa erzählt hat, war allerdings auch aufregend. Ich weiß nicht, ob ich das alles wirklich kapiert habe. Aber ich muss das jetzt sofort aufschreiben. Ich weiß nicht, ob ich das morgen auch noch kann.

Also. Was passiert bei einer Verletzung? Wenn ich mir in den Finger schneide, dann repariert das der Körper von ganz alleine. Ein Selbstheilungsmechanismus wird vom Körper automatisch in Gang gesetzt. Und das Ganze passiert über elektromagnetische Wellen.

Puh. Diese Wellen schaffen mich. Dass es die im Radio gibt oder beim Arzt im Röntgenzimmer oder beim Telefonieren, aber in meinem Körper? Na ja, ist wohl so.

Die sind auf jeden Fall Auslöser und sozusagen auch Transportsystem. Ist ja auch bei den Reflexen so. Im Rückenmark wird etwas ganz automatisch ausgelöst, das nennt sich dann unbedingter Reflex, und über diese Wellen läuft der Befehl quasi wie bei einer Eimerkette dorthin, wo sich beispielsweise ein Muskel bewegen soll. Oder wo eben auch eine Heilung ausgelöst werden soll.

Tja, diese Heilung funktioniert aber nicht immer so automatisch wie bei einem kleinen Schnitt in den Finger. Grundsätzlich aber funktioniert sie, wenn ich Khalifa richtig verstanden habe, immer. Immer wenn der trophische Stoffwechsel in Ordnung ist. Dieser Stoffwechsel, der die Zellen mit Nährstoffen versorgt und in noch kleinerem Maßstab, bei den Atomen, auch für den Austausch von Elektronen zuständig ist. Heilung ist also im Grunde genommen nur der Austausch von Elektronen. Den richtigen Elektronen eben, so dass der Originalzustand wieder hergestellt wird, so dass die Zelle wieder an ihrem Platz richtig arbeiten kann. Und dabei ist jede einzelne Zelle von besonderer Bedeutung, weil sie wichtige Informationen in sich trägt.

Und wenn, wie bei der Operation durch die Schnitte, Zellen verloren gehen, sind eben auch deren Informationen futsch. Die Arbeit muss eine andere Zelle übernehmen, und die kann's eben nicht ganz so gut.

Deshalb funktionieren danach die Reflexe nicht mehr so gut. Aus den unbedingten, vom Rückenmark ausgelösten, sind bedingte Reflexe geworden, die übers Gehirn gesteuert werden. Ein Hilfsweg, den sich der Körper sucht, der auch funktioniert, aber eben nicht so gut wie das Original. Deshalb stellt Khalifa auch die unbedingten Reflexe wieder her.

Warum war das noch mal so wichtig? Ach ja. Weil es sonst immer wieder Folgeverletzungen gibt, die mit der ursprünglichen Verletzung gar nichts zu tun haben müssen. Aber das gesamte Gleichgewicht ist halt aus den Fugen.

Was war noch? Genau. Die phänomenale Geschwindigkeit. Das hat mit diesem Einstein und seiner Relativitätstheorie zu tun. Bei Geschwindigkeiten in der Nähe der Lichtgeschwindigkeit wird die Zeit gedehnt. Das heißt, ein Außenstehender sieht alles in Zeitlupe. Wenn ich also bei dem Khalifa auf der Pritsche liege, bin ich der Außenstehende. Wenn ich sehen könnte, welche Prozesse er auf atomarer Ebene fast in Lichtgeschwindigkeit auslöst, würde ich das in verdammt langsamer Zeitlupe sehen.

Verrückt. Für mich und den Khalifa vergeht nur eine Stunde und in der verletzten Stelle vergehen durch diese Zeitdehnung Tage.

Und wenn ich das in so einem Science-Fiction-Film früher gesehen hätte, ich hätt's ohne

Probleme geglaubt. In der Zukunft kriegen die das schon hin, hätte ich gedacht. Aber bis dahin ändert sich vielleicht das Wissen über Physik, die Grundlagen – also wie sich Atome verhalten –, die ändern sich nicht. Die sind jetzt schon so, wie sie auch in 1000 Jahren sein werden. Was in 1000 Jahren funktioniert, muss also auch jetzt schon funktionieren. Nur drauf kommen muss man halt. Wie der Khalifa.

Alles nur Physik. Angewandte Physik. Na ja, mit der Physik habe ich das in der Schule schon nicht so gehabt. Aber hier geht es ja auch um die neue Physik, die sogar gestandene Physiker ziemlich durcheinander gebracht hat.

Ist schon toll, was mit dieser angewandten, neuen Physik möglich ist. Müsste sich nur einer drum kümmern. Also nicht nur der Khalifa. Die medizinische Wissenschaft. Aber ich glaube, die will das nicht. Ist ja auch klar. Wenn alles mit der Hand gemacht wird, braucht's nicht mehr so viele Chirurgen, Krankenhäuser, Physiotherapeuten, Krankengymnasten, Pfleger, Schwestern und und und. Auch nicht mehr so viele Pillen. Mann, da käme wirtschaftlich was auf uns zu. Kein Wunder, dass die alle bremsen. Da geht's um 'ne Menge Geld.

Aber uns würde es helfen. Es wird nicht so schnell an uns rumgeschnipselt, da kann ja auch allerhand passieren. Man wäre nicht mehr so lange krank geschrieben. Kosten würd's auch nicht so viel, beziehungsweise die Krankenkasse würd's nicht so viel kosten.

Also irgendwie klingt das alles ganz logisch, was der Khalifa macht. Auch wenn's am Anfang nach Wunder ausgesehen hat. Ich werde meinen Kreuzbandriss auf jeden Fall von ihm behandeln lassen. Ist mir doch zu gefährlich, was bei einer Operation so geschehen kann. Außerdem will ich mich von den Chirurgen nicht als Auto behandeln lassen. Ich brauche keinen neuen Keilriemen, sondern einen Körper, der so optimal funktioniert, wie es die Natur vorgesehen hat. Und das kriegt, glaube ich, nur der Khalifa hin.

23. Der Abschied

Khalifa und Neandertal verabschieden sich von Captain Kirk.

KIRK: Schade, dass sie schon gehen müssen.

KHALIFA: Ich kann nicht so lange wegbleiben. Es gibt jeden Tag neue Verletzungen, die ich heilen muss.

KIRK: Viel Erfolg wünsche ich Ihnen dabei. Übrigens auch von Pille. Dr. Mc Coy hätte sich nun, nachdem ich ihm einiges über Sie erzählt habe, doch gerne mit Ihnen unterhalten. Aber er musste zu einem Patienten. Galileo hat mit seinem Geplärre die Skatrunde von Professor Heisenberg so aufgebracht, dass die ihm an den Kragen gegangen sind.

KHALIFA: Ist etwas Schlimmeres passiert?

KIRK: Nein, nein. Halb so wild. Aber Herr Galileo ist kein einfacher Patient.

KHALIFA: Das kann man von Herrn Neandertal auch sagen.

NEANDERTAL: Na hören Sie mal. Hab ich nicht alles klaglos auf mich genommen?

KHALIFA: Na ja. Zu was haben Sie sich eigentlich entschieden?

NEANDERTAL: Na dazu, dass ich nur Sie an mich heranlasse.

KHALIFA: Schön. Dann wollen wir mal keine Zeit verlieren.

Die Männer verabschieden sich von einander, Khalifa und Neandertal werden von Scotti auf die Erde gebeamt. Sie landen in Khalifas Behandlungszimmer

NEANDERTAL (schaut auf die Uhr): Oh. Es sind ja nur fünf Minuten vergangen.

KHALIFA: Das ist eben ein typisches Khalifa-Wunder.

NEANDERTAL: Ich tippe eher auf Relativitätstheorie.

KHALIFA: Sie haben tatsächlich etwas gelernt. Haben Sie auch noch ein Buch zum Lernen mitgenommen? (Er deutet auf ein Buch in Neandertals Hand.)

NEANDERTAL: Nein. Das ist zur Zerstreuung. Kennen Sie das nicht? Der Medicus.

KHALIFA: Ich hab schon mal davon gehört. Worum geht es darin?

NEANDERTAL: Um einen armen englischen Jungen, der im Mittelalter bis nach Persien kommt und dort das neueste medizinische Wissen erlernt.

KHALIFA: Das Neueste?

NEANDERTAL: Ja. Die in Persien haben damals schon ganz anders operiert. In Europa lebten ja fast nur Quacksalber. Außer Aderlässen ist denen nicht viel eingefallen.

KHALIFA: Und dann kam der Junge zurück und wurde, weil er ja nun weit mehr wusste als alle anderen Ärzte, zu einem berühmten und reichen Arzt.

NEANDERTAL: Pustekuchen. Die englischen Ärzte haben in ihm nur eine Gefahr gesehen. Er konnte froh sein, dass er als unbekannter Landarzt weiter leben konnte.

KHALIFA: Kein Buch nach meinem Geschmack. Aber lassen Sie uns anfangen. Ziehen Sie sich aus und legen Sie sich auf die Liege.

24. Mitten in der Nacht

Acht Wochen später erhält Mohamed Khalifa Post von Herrn Neandertal.

Hallo Herr Khalifa.

Ich komme gerade vom Fußball spielen. Mir geht es prima, ich habe keinerlei Probleme. Allerdings war das in den ersten Tagen nach der Behandlung ganz anders.

Direkt nach der Behandlung war ich völlig euphorisch. Am nächsten Tag jedoch war ich mit meinen Erlebnissen allein. Ich wachte auf, das Knie schmerzte und ließ sich nur schwerlich bewegen. Was war denn jetzt wieder los?

Ich humpelte ins Bad, ging drei-, viermal im Gang auf und ab, setzte mich in die Hocke, sprang in die Luft, ich kam in die Gänge. Die Bewegung tat mir gut.

Ich begleitete sogar Freunde zum Ski fahren und hatte beim Fahren keinerlei Probleme. Dafür beim Abendessen, jedes Mal, wenn ich vom Tisch aufstand. Kaum aber war ich die Treppenstufen hinauf in mein Zimmer gegangen, funktionierte das Knie wieder tadellos. Die Bewegung machte es.

Drei Wochen später noch setzte ich mein Bein direkt nach dem Aufstehen besonders vorsichtig auf. Als ich bei der Kaffeemaschine in der Küche angekommen war, war aber schon wieder alles in Ordnung.

Am Schreibtisch bewegte ich mein Knie, so oft es ging. Die Phasen, in denen es sich nach längerer Ruhe wie eingerostet anfühlte, wurden immer kürzer und verschwanden schließlich völlig. Natürlich habe ich auch die von Ihnen entwickelte Salbe kräftig benutzt.

In all der Zeit spielte ich ohne jedes Problem Fußball. Mein Knie funktionierte einwandfrei, aber ich spürte, da drinnen tut sich etwas: Es heilte. Ich glaube, gerade das verunsichert manchen Patienten in den Tagen nach der Behandlung. Da tut etwas weh oder es wird heiß im Gelenk oder es fühlt sich einfach nur sonderbar an. Da braucht es ein bisschen Vertrauen. Vor allem in den eigenen Körper. Ich habe ganz besonders in ihn hinein gehört und gespürt: Da ist alles in Ordnung, die Heilung schreitet voran.

Das tut es übrigens immer noch. Vor ein paar Tagen bin ich mitten in der Nacht hochgeschreckt. Im Knie rumpelte es. Es war, als sei da drinnen nach einiger Zeit der Ruhe wieder der Motor angeworfen worden.

Lieber Herr Khalifa. Hier ist Ihre Methode wirklich noch verbesserungsfähig. Mitten in der Nacht! Können Sie das nicht auf morgens so gegen zehn programmieren?

Herzliche Grüße Ihr

Neandertal

Schlusswort

Mit anderen Augen

Einen Kreuzbandriss in 90 Minuten
zu heilen, ist unmöglich.
Das ist Quatsch.
Ein Arzt

Die Wirklichkeit ist nichts weiter
als elektrische Signale,
interpretiert von deinem Verstand
Computer-Hacker Morpheus
im Science-Fiction-Film Matrix

Geschafft. Sie sind am Ende des Buches angelangt. Und egal ob Sie nun alles ganz genau verstanden haben oder nur der Spur nach, Ihr Bild von der Medizin hat sich bestimmt verändert. Sie sehen Verletzungen und deren Heilung mit anderen Augen. Sie werden von nun an intensiver überlegen, ob Sie sich nach einem Unfall operieren lassen sollen oder nicht.

Um es noch einmal deutlich zu sagen: Operationen sind notwendig. Sie retten Leben. Allerdings sind sie nicht in jedem Fall nötig. Vor allem nicht bei Verletzungen der Muskeln, Sehnen, Bänder und Gelenke.

Die Basis von Mohamed Khalifas Vorgehensweise liegt in der neuen Physik und im Bestreben, dem Körper nicht zu schaden, sondern ihm zu helfen, ihn bei seiner eigenen, natürlichen Heilaktivität zu unterstützen. Wer ein Gummiband durchschneidet und wieder zusammennäht, erwartet nicht, dass es an der Nahtstelle genauso elastisch ist wie zuvor. Bei menschlichen Bändern ist das nicht anders. Und ist die Elastizität an einer Stelle im Körper gestört, wirkt sich das auf den gesamten Körper aus. Mohamed Khalifa sagt: „Elastizität gehört zur menschlichen Energie. Sie ist eine Kraft. Der Energiefluss muss durch den gesamten Körper gewährleistet sein.“ Die Eimerkette muss funktionieren.

Ärzte, Orthopäden, Chirurgen handeln in bester Absicht und sie behandeln ihre Patienten perfekt; perfekt aus ihrer Sicht der anatomisch-pathologischen Arbeitsweise.

Khalifa nennt seine Vorgehensweise funktionell-pathologisch. Bei der anatomisch-pathologischen Vorgehensweise der modernen Medizin wird ein pathologisches (krankes) Teil einfach ausgetauscht, um die Anatomie wieder herzustellen. Bei Mohamed Khalifa nicht. Die Funktion steht im Mittelpunkt, nicht die Anatomie. Nicht das Kreuzband ist das Wichtigste, sondern dessen Funktion. Schließlich will auch der Patient zuvörderst, dass sein Körper wieder funktioniert.

Mohamed Khalifa stellt die Funktion des Gelenks auf natürliche Art wieder her. Hier wird nichts repariert, hier wird geheilt; vollständig geheilt, ohne ständige Folgeverletzungen. „Heilung ist die Wiederherstellung von Form und Funktion", sagt Khalifa. Wobei Form Wachstum durch Nährstoffe ist; Nährstoffe aus dem trophischen Stoffwechsel. Wie das auf der untersten Ebene, der Ebene der Atome funktioniert, haben Sie an Bord der Enterprise erlebt. Und Heilung ist letztlich nichts anderes als Wachstum; neues Wachstum. Ein Wachstum, das Mohamed Khalifa durch seine Arbeit anregt.

Erinnern Sie sich noch an Steffen Alt aus Kapitel 2? Der wäre nach einer Routine-Kreuzbandoperation beinahe gestorben. Der zuvor so sportliche Steffen Alt war ein Jahr später froh, dass er mit dem operierten Bein wenigstens noch humpeln konnte. Er probierte alles aus, was ihm helfen könnte, doch nichts brachte ihn weiter. Am 19. September 1998 war er bei Khalifa. Danach sagte er: „Ich habe jetzt das Gefühl, mein Knie lebt wieder. Vorher war alles tot." Er hat kein neues Knie, kann nicht mehr so sportlich sein wie zuvor. Aber er kann nun zumindest wieder Fahrrad fahren und sich insgesamt besser bewegen.

Wir sind am Ende und kehren doch noch einmal an den Anfang des Buches zurück. Zu dem Medizinstudenten, der lieber Bauer werden wollte, so frustriert war er von der modernen Medizin.

Immer wieder kommen auch Ärzte zu Mohamed Khalifa. Sie lassen sich behandeln und haken das Ganze als eine zwar funktionierende, letztlich aber unerklärliche Sache ab. Die Mehrzahl aber will mit Mohamed Khalifa nichts zu tun haben. Für sie ist das Hokuspokus oder ganz einfach gefährlich. Eine Ärztin aus Wien brachte es auf den Punkt: „Ich gehe nicht zu ihm. Denn wenn das stimmt, dann hänge ich meinen Beruf an den Nagel.“

Literatur

- Kurt Allgeier: Die Wunderheiler, Diana Verlag Zürich, 1990

- Fritjof Capra: Wendezeit. Bausteine für ein neues Weltbild, Knaur, München, 1988

- Fritjof Capra: Das Tao der Physik. Die Konvergenz von westlicher Wissenschaft und östlicher Philosophie, Knaur, München 1997.

- Maximilian Gottschlich: Sprachloses Leid. Wege zu einer kommunikativen Medizin. Die heilsame Kraft des Wortes, Springer, Wien, New York, 1998

- Joachim Grehn (Hg.): Metzler Physik, J. B. Metzlersche Verlagsbuchhandlung, Stuttgart, 2. Auflage 1988.

- Heinrich Hemme: Die Relativitätstheorie, Weltbild Verlag, Augsburg, 3. Auflage 2000

- Tony Hey und Patrick Walters: Das Quantenuniversum. Die Welt der Wellen und Teilchen, Spektrum, Akademischer Verlag, Heidelberg, 2.Auflage 1998

- Der Spiegel, Nummer 14 vom 5. April 1999

- Andrew Weil: Heilung aus eigener Kraft. Die Selbstheilungskräfte des Körpers aktivieren. Goldmann, München 1997